rowohlt

Fritz J. Raddatz

Jahre mit Ledig

Eine Erinnerung

Rowohlt

4. Auflage März 2015   Copyright © 2015 by Rowohlt Verlag GmbH, Reinbek bei Hamburg   Alle Rechte vorbehalten   Dieses Buch enthält Passagen aus dem Werk: Fritz J. Raddatz «Unruhestifter. Erinnerungen» Copyright © 2003 by Propyläen Verlag in der Ullstein Buchverlage GmbH   Umschlaggestaltung ANZINGER WÜSCHNER RASP, München   Umschlagabbildung ullstein bild – pbk/Digne M. Marcovicz   Innengestaltung Daniel Sauthoff   Satz Adobe Garamond Post-Script (InDesign) bei Pinkuin Satz und Datentechnik, Berlin   Lithografie Susanne Kreher, Hamburg   Druck und Bindung CPI books GmbH, Leck, Germany   ISBN 978 3 498 05798 5

Alexander Fest gewidmet,
dem Wahrer des Erbes
von Heinrich Maria Ledig-Rowohlt;
und eines Quänt'chens des meinen

(H.M. Ledig-Rowohlt)

Er war ein Riesenschnörkel. Dieser schwungvolle, Ehrfurcht gebietende Schnörkel stand unter Verträgen auf dem Geschäftspapier «Rowohlt Verlag, Hamburg». Den Mann hinter dem Schnörkel kannte ich nicht.

Das war Anfang der fünfziger Jahre, ich war im Ostberliner Verlag Volk und Welt Abteilungsleiter «Lektorat West» – so üppige Bürokratien leistete sich die DDR: Der zweitgrößte belletristische Verlag des Landes beschäftigte ca. zwanzig Lektoren, drei für Russisch, zwei für Chinesisch, einen für indische Literatur, und für die «Westliteratur» zwölf. Und «Westliteratur», das war Louis Aragon aus Frankreich, Mouloud Feraoun oder Mohammed Dib aus dessen arabischen «Kolonien», Pablo Neruda und, etwas rätselhaft, der Türke Nâzim Hikmet (wohl, weil er im westlichen Exil lebte). Ich war – zwanzigjähriger Student und bald stellvertretender Cheflektor des gesamten imposanten Imperiums – neben dem Studium dort tätig, weil ich als

9

parteiloser «Bürgerlicher» kein Stipendium erhielt. So streckte ich meine Tentakel aus bis zum «Rowohlt Verlag, Hamburg», der recht gerne Lizenzverträge – etwa für Simone de Beauvoirs Amerika-Buch – schloss; wir zahlten pünktlich und in Devisen, *recte*: DM-West. Solche Verträge waren unleserlich unterschrieben. Der große Unbekannte hieß Ledig-Rowohlt.

Ich kannte – dem ruhmvollen Namen nach gut, persönlich eher flüchtig – nur Ernst Rowohlt, den Gründer des Verlags. Der gefiel sich in jener Zeit in einer so ostentativen wie bramarbasierenden Ost-Sympathie, in Westdeutschland so rar wie ungewöhnlich. So war er eine Art Ehrengast bei den kommunistischen «Weltjugendfestspielen» in Berlin 1951, die Picasso mit einer graphischen Arbeit ehrte; die gab es für 1 DM-Ost als Halstuch für die feiernde Jugend, welche im Rausch der Begegnung mit den Tausenden aparter, auch freizügiger Ausländer am liebsten nur dieses Tuch als Bekleidungsstück trug; es gab das Emblem für 5 DM-Ost als kleine Keramik (heute auf Auktionen mehrere Tausend Dollar wert); und es gab die Figuration der vier (gelb, schwarz, rot, weiß = «Völkerfreundschaft») ineinanderfließenden Gesichter NICHT als Vorhang, wie es der Stückeschreiber Brecht sich gewünscht hatte für sein «Berliner Ensemble» – die dann berühmte Taube musste her.

Auf Taubenfüßen indes besuchte Ernst Rowohlt im heißen Sommer des Jahres 1951 den Verlag Volk und Welt und den jungen Herrn Raddatz nicht. Vielmehr erschien ein röhrendes Naturereignis, gezähmt allenfalls durch einen großen Mercedes mit Chauffeur. Der so herrlich wie herrschaftlich durchreisende Verleger – er wollte weiter nach Moskau – passte kaum in mein nicht gerade überdimensioniertes Arbeitszimmer. Warum er ausgerechnet mich besuchen, mich kennenlernen wollte, habe ich auch in späteren Jahren nicht herausgefunden. Immerhin trug er, fast skandalös für an Werbung nicht Gewöhnte, eine Krawatte mit eingesticktem rororo-Monogramm.

Damit kommt der große Unbekannte mit dem Riesenschnörkel ins Spiel. Heinrich Maria Ledig-Rowohlt.

Denn entgegen einer weitverbreiteten Fama war es nicht Ernst Rowohlt, der die Taschenbücher erfunden hat. Zwar hatte er gleich nach Kriegsende die legendären Zeitungsdrucke auf billigem Papier initiiert – als Nummer eins erschien Kurt Tucholskys ‹Schloss Gripsholm› –, aber das waren keine Bücher, sondern der Not und Armut der Bevölkerung entsprechend eben «Zeitungen», Literatur für die, die gar nichts mehr hatten, im Zeitungsformat. Immerhin trugen sie bereits den Namen «Rowohlts Rotationsromane» (= Ro-Ro-Ro). Doch was dann nach 1949 sehr bald auf den Markt kam, schreiend bunt und, von vielen Kritikern als Frevel befehdet, mit Anzeigenseiten mitten im Text, das war ausschließlich Ledigs Idee. Er war als einer der (wenigen) deutschen Verleger noch vor der Währungsreform 1948, gleichsam als «Re-Education»-Maßnahme, in die USA eingeladen worden und dort auf die für deutschen Geschmack scheußlichen Taschenbücher aufmerksam geworden: Preiswerte Bücher (Buchreihen war man eher von der erlesengeschmackvoll ausgestatteten Insel-Bücherei gewohnt), so etwas galt zunächst als genauso neu und fremd wie *chewing gum* oder Erdnussbutter. Ledig allerdings stand in Flammen, sah eine Zukunft für Publikum und Markt. Er hatte nur ein anfangs unüberwindlich scheinendes Problem: Diese Bücher waren nicht gebunden, sondern geleimt; das Verfahren hieß Lumbecken nach dessen Erfinder, dem Buchhändler Emil Lumbeck, aber «gelumbeckte» Bücher gab es bisher nicht in Deutschland. Es war der findige, angeblich mit Gummi-Ersatz aus dem Kriege sich auskennende Herstellungsleiter des Verlages Edgar Friedrichsen, der nach langen und mühseligen Experimenten eine Lösung dafür fand, wie man 100, 200, 300 Papierseiten per Lumbeck-Verfahren so zusammenfügen konnte, dass sie nicht gleich nach dem ersten Umblättern auseinanderfielen. Der Herr Friedrichsen hatte fortan bis ans Ende seiner Rowohlt-Tage eine Sonderstellung im Verlag, und wenn er dann – bis weit in die achtziger Jahre – ein Buch für unkalkulierbar erklärte, galt sein Wort. Das allein Ledig durch beschwörende List zu umschiffen vermochte: «Friedrichsen, Geliebter, mein

«Ledig Triumphator», 1961

Schätzchen», wusste er zu charmieren, «machen Sie mir einen anderen Preis, ich *will* dieses Buch verlegen» – wenn es etwa um einen voluminösen Thomas Wolfe ging. Ledig konnte seinen Charme einsetzen wie Lauren Bacall ihre Augen, auch etwas verlogen.

Ledig Triumphator. Stolz führte er Ernst Rowohlt, der ja noch immer Haupteigentümer des Verlages war, die ersten Probeexemplare der neugeborenen rororo-Ausgaben vor. Und der war empört. Er trampelte wütend auf ihnen herum, hochrot vor Ärger, und schrie: «Das Zeug kommt mir nicht ins Haus!»

Sie kamen dann ins Haus. Mehr noch. Mit Riesenauflagen «bauten» sie das Haus. Mühelos konnte Ledig damals durch gigantische vorausbezahlte Garantieauflagen bei jedem deutschen Verlag Lizenzen für Titel seiner Wahl erwerben, mal Unterhaltungsschund wie Gábor von Vaszary und mal Joseph Roth. Seine Taschenbücher waren Selbstgänger, sanierten den verschuldeten Verlag, schafften den Spagat aus Renommee und Gewinn. Als später – übrigens zu Ledigs Ärger; aber es gab ja kein Patent für diese Art Bücher – der S. Fischer Verlag eine eigene Taschenbuchproduktion auflegte, gingen die Leute in den Laden und verlangten «ein rororo von Fischer».

Doch «Haupteigentümer Ernst Rowohlt» – wie das? Ernst von Salomon hat in seinem Erfolgsklassiker ‹Der Fragebogen› die höchst widersprüchliche Beziehung zwischen Ernst Rowohlt und Heinrich Maria Ledig in einem ausführlichen Kapitel aufgezeichnet. Hier deshalb nur eine Skizze. Ledig – manchmal lässt Geschichte keine Pointe aus – war der 1908 geborene uneheliche Sohn aus einer frühen Leipziger Affäre, die Ernst Rowohlt mit einer Schauspielerin namens Ledig hatte. Wie Mütter das so tun, wollte die Dame dem Sohn ein möglichst warmes Nest bereiten. Sie schmuggelte den knapp erwachsenen Knaben als Lehrling in den Rowohlt Verlag. «Der Alte», wie Ernst Rowohlt bald allenthalben genannt wurde, wusste von Beginn an, wer dieser Lehrling war – und ignorierte es komplett. «Herr Ledig soll mal kommen»: So lauteten die väterlichen Anordnungen. Ledig wurde in den zwanziger und dreißiger Jahren wie ein fremder Angestellter gesiezt.

Nachdem Ernst Rowohlt 1938 aus der Reichskulturkammer ausgeschlossen worden war, was einem Berufsverbot gleichkam, leitete Ledig in der Nazizeit dann allerdings – *implant publisher* heißt so etwas heute – den Rumpf-Verlag unter dem schützenden Dach der Deutschen Verlags-Anstalt in Stuttgart. Ernst Rowohlt, so will es eine fromme Legende, war emigriert; in Wahrheit seiner Frau nach Südamerika gefolgt. Aus lauter Anti-Nazi-Widerstand kehrte er mitten im Krieg nach Berlin zurück. Erich Kästners Bonmot «Die Ratten betreten das sinkende Schiff» ist bekannt: Da hatte er den «Emigranten» am Kurfürstendamm getroffen, bereits in Uniform; denn Rowohlt war alsbald Offizier in Hitlers Armee.

Als das Schiff gesunken war, also 1945, wurde der Rowohlt Verlag neu gegründet. «Der einzige Verlag mit Lizenzen aller vier Besatzungsmächte», verkündete «der Alte» bei jeder passenden Gelegenheit. Auch das war gezinkt. «Väter'chen Rowohlt», wie er sich gerne nennen hörte, war nämlich nicht nur Offizier gewesen – er war auch Mitglied der NSDAP. Ein Pg hatte keine guten Chancen bei der Verteilung von Lizenzen. Da entdeckte der schlaue Mann, dass er ja einen Sohn hatte. Ernst Rowohlt erhielt zwar die britische, der unbelastete, kriegsverwundete Ledig aber die amerikanische Lizenz. Die russische holte Mary Tucholsky – als geborene Baltin russischsprachig –, die inzwischen als Sekretärin in Ernst Rowohlts Berliner Büro arbeitete; der «Frau» (in Wahrheit geschiedenen Witwe) des «großen deutschen Antifaschisten Tucholsky» mochten die Genossen in Karlshorst die Lizenz nicht verweigern. Zuvor schon hatte Kurt Kusenberg die französische Lizenz erhalten, was dem skurril-begabten Erzähler und später kundigen Herausgeber von Rowohlts Monographien zeitlebens einen Sonderstatus im Verlag garantierte. Jahre danach, als ich für und mit Ledig arbeitete, akzeptierten Kusenberg und ich es als stillschweigende Übereinkunft der Rücksichtnahme, dass ich das Zimmer verließ, wenn er Ledig seine Programmvorschläge unterbreitete.

Mit Ernst Rowohlt

Und dieser Ledig war nun Sohn. Fortan hieß er Ledig-Rowohlt. Bald war er Minderheitsbeteiligter. Ernst Rowohlt, gerne und viel reisend, mal als ein Puntila Osram-Glühbirnen bei einer Tagung der Gruppe 47 verteilend, mal bei Buchhändlerzusammenkünften «meinen Verlag» mit großem Pathos vorstellend: Ernst Rowohlt war die landesweit bekannte Emily auf dem Kühler des Rolls-Royce; der Motor unter der Haube aber war Heinrich Maria Ledig-Rowohlt. Im Verlagshaus Bieberstraße – genauer gesagt: den Häusern; denn das expandierende Unternehmen musste in Eppendorf immer wieder Nebengebäude anmieten – hatte Ernst Rowohlt Ende der fünfziger Jahre nicht mal mehr ein Büro. Der Gargantua, ein flotter Trinker und fröhlicher Esser, war seit geraumer Zeit krank. Bald galten seine Reisen eher Sanatorien als der von ihm geliebten Buchhandlung Ludwig in Köln.

Filmschnitt. Die Rückblende als Trailer. Noch sitze ich ja in Ostberlin bei Volk und Welt. Unter den Lizenzverträgen aus Hamburg, mal für frech von mir an der Zensur vorbeigeschmuggelte Bücher von Sartre oder Faulkner, immer der unleserliche Riesenschnörkel. Inzwischen ließen meine beiden Chefs – die zarte, bürgerlich gebildete Marianne Dreifuß und Walter Czollek, der sich selber einen «alten Spittelmarkt-Juden» nannte; beide Rückkehrer aus der Schanghai-Emigra-

tion – mich weitgehend selbständig das Programm
bestimmen. Sie mochten meine Literaturbesessenheit,
schätzten die Erfolge, die ich herbeiangelte, und ließen sich gern ein bisschen belügen. So, als ich schwin-
delte, ich hätte ganz zufällig den Schweizer Verleger
von Steinbecks ‹Früchte des Zorns› (unbedingt wollte
ich den Roman im Volk-und-Welt-Programm sehen)
getroffen und zu einem Vertrag überredet. Tatsächlich
war ich mit falschen Papieren heimlich nach Zürich
geflogen, was beiden klar war, was beide «übersahen».
Dann der große Moment: Die Idee der vor allem in
der DDR propagierten «einen deutschen Literatur»
benutzend, hatte ich eine gesamtdeutsche große Kurt-
Tucholsky-Ausgabe vorgeschlagen. Das war nicht
ganz legitim, wenn nicht gar kühn; denn der Verlag
mit dem etwas simplen Namen war ausschließlich für
ausländische Literatur konzipiert, es herrschte strikte
Abgrenzung zum weitaus größeren, viel einflussrei-
cheren Aufbau-Verlag, der unter dem Patronat von
Kulturminister Johannes R. Becher stand – und wo
Bücher nicht nur von ihm, sondern in schönen Ausgaben von Friedrich Wolf, seinem Antipoden Brecht,
von Anna Seghers, Arnold Zweig, Heinrich Mann und
bald auch Thomas Mann erschienen. Meine beiden
von mir übrigens nicht nur respektierten, sondern fast
verehrten Chefs wankten und schwankten. Der «Spit-
telmarkt-Jude» liebte Tucholsky, den er schon in der
Weimarer Republik bewundert hatte. Ich müsse zu

Johannes R. Becher persönlich, dessen höchstministerielle Genehmigung für diesen Seitensprung einholen. Da steht nun der noch sehr junge Mann und erklärt dem einstigen Insel-Autor, weiland von Harry Graf Kessler hoch gelobt und unterstützt, warum er ohne Wenn und Aber diesen bedeutenden Antifaschisten, Antimilitaristen, Linken für den am besten geeigneten Schriftsteller hält, um deutlich zu machen, dass die deutsche Literatur unteilbar ist. Eine mehrbändige, textidentische Ausgabe mit doppeltem Verlags-Signet «Rowohlt, Hamburg», «Volk und Welt, Berlin» – das hieße ein Zeichen setzen. Wider Erwarten war Becher begeistert. Ich hatte ihn angesteckt. Ob er sich einen Augenblick lang der eigenen Zeile «Deutschland, einig Vaterland» aus seiner Nationalhymne erinnert hatte? «Dann fahren Sie, Genosse Raddatz» (er setzte automatisch voraus, dass jemand in meiner Position SED-Mitglied sei) «nach Hamburg und verhandeln Sie das mit Rowohlt. Ich genehmige Ihnen seitens meines Ministeriums eine fünftägige Westreise und 70 DM Devisen.» Seltsamerweise begleitete er mich zur Tür seines Hermann-Göring-großen Büros und sagte leise – ich begriff rasch: weit weg vom Telefon –: «Und falls Sie Erich Kästner treffen, grüßen Sie ihn von mir.» Das war ein Sakrileg – Kästner war Präsident des West-PEN-Clubs, ein Klassenfeind.

Auf einen Schild hoben Dreifuß und Czollek mich nicht. Doch sie waren stolz erstaunt. Fast mehr als ich – der schnurstracks in das HO-Maßatelier eilte, um sich einen West-tauglichen Anzug anpassen zu lassen; arg verlegen, wusste ich die Frage des altmodisch ausgebildeten Schneidermeisters «Sind Sie Linkshänger?» nicht zu beantworten. «Also wie üblich.»

Üblich aber war nun gar nichts. Westreise! Interzonenpass! 70 DM-West! Besuch bei dem großen Unbekannten, dem Schnörkelmann! In wenigen Tagen entwarf ich einen Editionsplan und schickte ihn mit erläuterndem Brief und der Ankündigung meines Besuches nach Hamburg, hochgemut und fest der Überzeugung, in dieser Bieberstraße auf eine wahre Fundgrube an Tucholsky-Materialien zu stoßen.

Ankunft in den heiligen Hallen des Rowohlt Verlages. Jedoch war nichts «heilig», noch gab es Hallen. Mein Schock war größer als bei der Frage im HO-Maßatelier. Die so oft ehrfurchtsvoll angeschriebene Bieberstraße – ein Irrenhaus. Akten auf dem Boden, gammelige graue Stahlmöbel, eine kettenrauchende Sekretärin, die zwischen Zeitschriftenstapeln, Kaffeetassen, aufplatzenden Kartons mit Katalogen und drei uralten, scheppernden Telefonen irrwischte. Eine Entzauberung. Ostberliner Büros – ob in Funkhäusern, Zeitungen, Verlagen; in Ministerien ohnehin – waren für gewöhnlich gewöhnlich: große, oft parkettierte Räume, falsche Perserteppiche, mit einer Art Steppdecke aus braunem Plastik dick wattierte Vorzimmertüren, mächtige Kirschholzschreibtische des

VEB Deutsche Werkstätten hinter Sesselgarnituren mit Polsterauflage, daneben unvermeidlich die Stehlampe mit gefälteltem Lampenschirm auf Messingfuß; höhere Funktionäre hatten zwei, gar drei Lampen und einen Öldruck von Menzels ‹Eisenwalzwerk› an der Wand. Vor allem aber: Ordnung, Ordnung, Ordnung. Das bürgerliche Wohnzimmer als Arbeitsstätte, bei dessen Anblick Mutti stolz konstatiert hätte: «Hier kann man vom Fußboden essen.»

Das nun hätte man in der Bieberstraße besser nicht versucht. Ich war den Tränen nahe, entschied mich dann fürs Pinkeln. Offenbar hatte ich Filmbilder im Kopf, aus meinen heimlichen Besuchen im Westberliner Kino am Steinplatz, hatte eine Ava Gardner als Sekretärin in einem schneeweiß-schicken Office erwartet und einen Clark Gable als Verlagsboss. Der erschien keineswegs. Vielmehr dieser Ledig-Rowohlt, der offensichtlich nicht vom Fußboden gegessen, vielmehr gut und reichlich in der nahegelegenen «Insel» an der Alster gespeist hatte; und nicht nur gespeist. Er war so herzlich wie unkonzentriert. «Ja, wo waren wir stehengeblieben», begann er nach jedem der vielen unterbrechenden Telefonate. Wir waren aber nirgendwo stehengeblieben – vielmehr: Wir waren *nur* stehengeblieben. Allenfalls kam die Aufforderung: «Erzählen Sie mal vom Osten.» Und ob ich ihm Ernst-Busch-Schallplatten besorgen könne, und «Sie machen ja da so fabelhafte Editionen».

Ledig bei einem seiner legendären Purzelbäume

Der dressierte Zonen-Delphin schnappte nach dem Ball. Der jedoch platschte ins Bassin. «Ja, also Tucholsky-Unterlagen haben wir hier nun gar nicht …» Meine DDR-preußisch exakten Briefe – «Ach, wo haben wir bloß die Briefe von dem Herrn Raddatz, BB» – so nannte er seine Ava Gardner – «suchen Sie doch mal nach diesen Briefen von dem Herrn Raddatz, er sagt, er habe auch so eine Art Editionsplan geschickt … Nein, ich kann jetzt nicht mit Marek telefonieren … 'tschuldigung, aber ich muss mal schnell dem Weyrauch sagen … Ja, also wo waren wir stehengeblieben, ach so, Tucholsky, ja wissen Sie, da haben wir gar keine … BB, haben Sie nun die Unterlagen gefunden?»

BB-Gardner hatte sie nicht, Ledig-Gable kannte sie nicht, er musste auch dringlich mit Ernst von Salomon telefonieren, «der ist hartnäckig, wissen Sie».

Es war reizend, es war pures Chaos, es war ein Film, bei dem die Spule die falsche Geschwindigkeit hatte, den ich mit brennenden Augen und Ohren aufnahm. Und es endete damit, dass ich nach Tegernsee zur Witwe Tucholsky geschickt wurde, «Schlafwagen, verstehen Sie, mein Lieber, es gibt eine sehr gute Schlafwagenverbindung von Hamburg nach München, von dort nehmen Sie dann ein Taxi nach Rottach». Taxi nach Rottach! «Aber ich habe kein Geld, ich habe noch 40 Mark Devisen»: Das schien den Taifun-Tycoon zu rühren. «Kein Geld haben wir alle», lachte er, «ich sage an der Kasse Bescheid, das leiht Ihnen der Verlag.»

Abschied vom Rowohlt Verlag? Nein. Es war kein Abschied. Es war ein Beginn. Zwei Dinge sollte der Mann mit dem empfindlichen Gedächtnis – empfindlich übrigens auch für Kränkungen – nicht vergessen: dass ich nach der Rückreise (man musste denselben Grenzübergang benutzen, ich fuhr also Rottach–München–Hamburg–Berlin in mein schönes Perserteppichbüro zurück) einen Restbetrag an der Verlagskasse abgab und dass ich ihm ein Paket Ernst-Busch-Schallplatten schickte. Auch an die nicht zustande gekommene «gesamtdeutsche» Tucholsky-Ausgabe erinnerte er sich und an die von Werner Klemke so liebevoll ausgestatteten «gelben Bände», die ich stattdessen bei Volk und Welt herausgab; der Verleger Ledig-Rowohlt wusste Bescheid, als wir fast ein Jahrzehnt später in der Insel zu Mittag aßen. Aber «Väter'chen» hatte ein weiteres Mal die Hand im Spiel gehabt.

Januar 1959. Ich wohnte bei Mary Tucholsky. Unter dem Vertrag mit Kindler (er hatte mir 1958 innerhalb einer Stunde, gleich nach meiner Flucht aus Ostberlin, den Posten als Cheflektor angeboten) war die Tinte trocken, Zeitungen hatten von meiner Flucht aus der DDR berichtet, die berühmte Urwaldtrommel – die ich später selber wohl zu bedienen wusste, die mir auch mit ihren Schlägeln so manchen Schlag aufs

Trommelfell versetzt hat – tat das Ihrige und Übrige. «Ernst Rowohlt ist am Telefon, er will Sie sprechen», rief Mary Tucholsky und ging durchaus nicht aus dem Zimmer. Die Polterstimme. Seit wann ich «im Westen» sei, wieso ich ihn nicht angerufen hätte, er habe da irgendwas mit Kindler gehört, «was für ein Unsinn!».

Ernst Rowohlt kam nach Rottach. Gewiss nicht meinetwegen. Er war ja häufiger Gast – das Wort «Patient» existierte nicht in seinem Lexikon – im Sanatorium Westernhof, wo er abnehmen sollte und aus dem er allabendlich mit Hilfe seines Chauffeurs entwischte, um im Jägerhof riesige Hirschkeulen mit Knödeln und Rotkraut zu verspeisen, nicht ohne «noch eine Maß und noch eine Maß» zu bestellen, aber auch nicht ohne fürstlich einzuladen, wer immer sich in der Nähe aufhielt. Die Witwe Hasenclever oder Fritzi Massary, Elisabeth Bergner oder Kate Kühl: Herr Puntila mit einem ganzen Chor beflissen applaudierender Mesdames Matti. Auch ich wurde zu Hofe gebeten.

Für den nächsten Tag wurde ein Spaziergang anberaumt, Mary Tucholskys bevorzugter Weg entlang der Weißach Richtung Wildbad Kreuth. Der Wald war tief verschneit, Ernst Rowohlt erschien mit mächtiger russischer Pelzmütze und einem schüchternen Knaben von etwa vierzehn Jahren. Sohn Harry, Ledigs Halbbruder. Das Gespräch wurde emphatisch und endete in einem Katastrophen-Sieg. «Ich brauche dringend einen Sekretär, einen alerten jungen Mann, der mir die Korrespondenz und allerlei Lästiges abnimmt. Der Mann sind Sie!» Es war mehr ein Befehl als ein Vorschlag. Mein sehr schnelles «Ich bin niemandes Sekretär. Und alert bin ich auch nicht» löste eine Explosion aus, eine Mischung aus Zorn-Gelächter, Wutschnauben und röhrendem Gepolter. In hohem Bogen spie Rowohlt sein Gebiss in die schneeschäumende Weißach. Jung Harry musste in den eisigen Bach springen und das an einem Felsbrocken trudelnde Gebiss herausfischen. Als «Väter'chen» wieder sprechen konnte, schnaubte er mich an: «Was wollen Sie *denn?*» Ohne Zögern sagte ich: «Ich will meinen eigenen Verlag.» Eine bärtige Umarmung: «Das ist die beste Antwort von allen, die ich erwartet habe. Sie sind mein Mann.»

Indes wurde ich Ledigs «Mann». Aus und in all den folgenden, mal telefonischen, mal persönlichen Gesprächen im Haus der Witwe entstand der Plan einer nun wirklich umfassenden Tucholsky-Werkausgabe; denn bislang hatte der Rowohlt Verlag, wenn auch mit großem Erfolg, lediglich ein paar Auswahlbändchen gedruckt. Die Ankunft von Ledig, der das Haus in Rottach noch nie besucht hatte und wohl vom Alten eher getriezt worden war zu dem ihm anfangs dubios erscheinenden Projekt, wurde noch einmal mit Donnergrollen angekündigt. «Sie sind

eben vollkommen verrückt, mein junger Herr Rad-
datz ... Ausgerechnet über den Lieblingsautor meines
Sohnes müssen Sie herfallen. Die Sache wird ein böses
Ende nehmen.»

Ich hatte nämlich in der ‹Kultur›, einer kleinen
Zeitschrift des Desch-Verlages, den ‹Justine›-Roman
von Lawrence Durrell zum kolorierten Fabrikat eines
Parfum-Fabrikanten erklärt. Doch des Ungemachs
wurde mit keiner Silbe Erwähnung getan. Vielmehr
eine mehrbändige Tucholsky-Edition beratschlagt.

Ein Jahr ging ins Land, davon waren schon einige
Kindler-Monate zu viel Kindler. Also begab ich mich
auf «Nuttentour», will sagen: setzte mich in München
in den kleinen, auf Wechsel gekauften VW Käfer,
innen weinroter Cordsamt und silberne Blumenvase,
außen ausklappbare Winker, hinten geteilte Heck-
scheibe, und fuhr gen Norden, «ganz zwanglos»
(weder war ich gekündigt, noch hatte ich gekündigt)
einige Kontakte aufzufrischen, mal zu einem Plauder-
stündchen mit Albrecht Knaus bei Propyläen/Ullstein
im Frankfurter Büro und mal zu einem amüsant-selt-
samen «Verhör» bei Rudolf Augstein in jenem SPIE-
GEL-Büro im Hamburger Pressehaus, in dem später
jahrelang der jeweilige ZEIT-Chefredakteur residierte
und in dem ich dereinst so manch rasante Sitzung
erleben sollte; an Augstein hatte mich Freund Horst
Wiemer vom Beck-Verlag empfohlen, ein Herr von
altmodischer, leicht damenhafter Eleganz.

**Rowohlt Paperback,
die ersten Exemplare 1961**

Die letzte Etappe hieß Ledig-Rowohlt. Mit ihm allerdings hatte ich nur vor, über die Edition zu sprechen. Er bat mich zum Mittagessen – wohin wohl? In die Insel. Es gab, unvergesslich, Bloody Mary, was ich noch nie getrunken, und gebratene Petersilie zum Fisch, was ich noch nie gegessen hatte. Stammgast Ledig wurde hofiert, redete die Kellner mit «Schätzchen» an, fragte, ob Meursault recht sei, ich gab lässig an, den trinke ich besonders gern. Ich mahlte noch an den gebratenen Petersilienfasern, den gegrillten Loup hatte ich bisher gar nicht angerührt, da sagt Ledig-Rowohlt, und es klang wie eine Bühnenanweisung *nebenbei gesprochen*: «Lassen wir mal Ihren ewigen Tucholsky beiseite – wollen Sie zu mir kommen, zu Rowohlt, wollen Sie mein Stellvertreter, der Stellvertreter des Verlegers werden?» Der liebe Gott als Diabolus, das Weihwasser die Bloody Mary, die Haare die gebratene Petersilie, und Maria hieß er auch.

Es war der Moment, der mein Leben veränderte, und er war der Mann, der mein Leben veränderte – und es lief dennoch alles nach der Melodie «Kommen Sie doch mal zum Tee vorbei».

Rowohlt war – für mich – die DDR-Jahre hindurch eine Fata Morgana gewesen, eine unerreichbare Oase, und hätte sich mir am Alexanderplatz eine Fee auf den Schoß gesetzt: Rowohlt wären die zwei Silben meines ersten Wunsches gewesen, so bunt, so schön, so märchenfern wie eine Suleika irgendwo. S. Fischer: grau

und erlesen; Suhrkamp: so klein wie fein. Alles dürre
Datteln tragende Kamele in der flirrenden Märchen-
wüste. Scheherazade mit rasendem Rappengalopp
und diamantbesetzten flitzenden Krummsäbeln – *das*
war nur Rowohlt. Rowohlt war kein Verlag. Rowohlt
war eine Idee.

Im Cordsamt-Käfer nach Hamburg war der kleine
Kofferraum halb leer, auf dem Rücksitz lagen ein Tee-
kessel und eine alte Kaffeekanne, Mitgift aus Rottach.
Ich steuerte eine kleine Wohnung in der Eilenau an –
wie sich bald herausstellte, keine «gemäße» Adresse
in Hamburg: weder Bett noch Stuhl noch Tisch,
geschweige denn eine nackte Glühbirne an der Decke.
Das dünne Licht meiner Taschenlampe illuminierte
das herzliche Willkommen der Rowohlt-Geschäfts-
führung.

Und ich steuerte in das phantastischste, phantasie-
vollste Chaos meines Lebens, in eine fremdschöne,
unheimlich-rätselvolle Liebesbeziehung, lasterlos, aber
voller Hingabe: an die Literatur.

Vermutlich ist das Flair eines Ledig-Rowohlt den
Jüngeren in ihrer Computer-, Website- und E-Mail-
Welt kaum noch zu vermitteln: seine Spielsucht, sein
Kunsthunger, seine hinterhältige Liebe wie abgrün-
dige Freundlichkeit. Ein Bürger auf Abwegen, die er
sich zugleich polsterte. Ein Verleger als Bohemien,
der zugleich bei jedem Vorstand einer Großbank

Visite machen konnte und bei jedem Doyen-steifen Diner im Hause Gallimard *bella figura* machte. Ein Unternehmenschef harter Kalkulation, der zugleich eine elektrische Eisenbahn und ein Schaukelpferd in seinem eleganten Knoll-Büro hatte, denen eher zugetan als dem Diktat komplizierter Briefe an die Musil-Erben, was nach etwa zweistündigem Versuch mit «Sehr verehrte liebe gnädige Frau, bitte üben Sie mit meiner Säumigkeit freundliche Nachsicht …» und der Drei-Zigaretten-Pause «Lesen Sie noch mal vor, BB, was habe ich gesagt …» zu enden pflegte mit einem: «Ach, Raddatz, schreiben *Sie* doch den Brief.» Er aß mit demselben Behagen nachts um drei aufgewärmte Linsen mit Würstchen aus der Büchse wie Austern oder Froschschenkel-Soufflé im Pariser Grand Véfour. Er konnte mit jener Eleganz vulgär sein, mit der jemand, der weiß, dass man Fisch nicht mit dem Messer isst, Fisch mit dem Messer isst – «O Gott, meine Lieben, meine Süßen», rief er und schlug sich an die Stirn, «rasch ein paar Jungs her, ich bin ja von Gott verlassen»: Da hatte er den unglücklichen James Baldwin mitgeschleppt ins Bordell. Das frequentierte er gerne und oft, BB war die einzige Nichtprofessionelle, die das Etablissement in der Herbertstraße betreten durfte, sie musste ja die Post, die ich statt seiner diktiert hatte, zum Unterschreiben bringen. Dort lag dann Heinrich-Maria Gargantua unter mächtigen Plumeaus – und durchaus nicht allein.

Allein war Ledig ohnehin nicht – nicht als Verlagschef. Noch lebte Ernst Rowohlt, in der eigenartigen Position, Hauptanteilseigentümer zu sein, ohne mit dem Programm befasst, dafür etwa verantwortlich zu sein. Er war quasi Verleger a. D.

Als Ledig mich engagierte, 1960, war der elegant-moderne Neubau in Reinbek gerade fertiggestellt. «Sie werden dort auch ein Zimmer bekommen», hörte ich einigermaßen befremdet – genauso wie ich trotz mehrfacher «Erinnerung» keinen Vertrag (noch nach München) erhalten hatte. Tatsächlich gab und gibt es einen solchen Vertrag mit dem Rowohlt Verlag nicht; er kam nie. Da ich nicht lediglich auf ein Restaurantgespräch bauend bei Kindler kündigen und nach Hamburg reisen wollte, entwarf ich meinerseits eine schriftliche «Bestätigung unserer Vereinbarung». Das war die Basis meiner Arbeit bei Rowohlt und für Ledig. Es stellte sich bald heraus: sehr zum Unwillen der anderen drei Geschäftsführer. Einer – fortan mein Lieblingsgegner im Hause, der Vertriebschef Hintermeier – begrüßte mich am Tag meines Auftauchens: «Wieso haben Sie denn ein Münchner Nummernschild am Auto, Sie kommen doch aus dem Osten!» Lediglich Paula Thiesen, Prokuristin und Verwalterin der «Tageskasse», nahm mich mit mütterlicher Freundlichkeit auf: «Sie sind doch der junge Mann, der vor Jahren hier bei mir den Rest von dem Reisegeld ablieferte, das wir Ihnen geliehen hatten? Willkommen, Sie sind ja ein ungewöhnlich anständiger Mensch.» Noch viele Jahre später meinte Hintermeier, ich sei erwiesenermaßen ein Ost-Agent. Mein Arbeitsbeginn war also, was man eine «weiche Landung» nennt.

Noch eine andere, skurrilere Pointe bot dieser erste Rowohlt-Tag im Mai 1960. Die «Choreographie» des neuen Verlagsgebäudes in Reinbek sah so aus, dass, nur durch ein gemeinsames Sekretariat getrennt, die Zimmer von Ernst Rowohlt und Ledig nebeneinanderlagen; Ledigs großräumiges Büro streng mit kühlem Knoll-Mobiliar ausgestattet, das von Ernst Rowohlt eher an ein altmodisches Kontor erinnernd: sein Schreibtisch gegenüber einer Wand, in deren Regalen, antiquarisch zusammengekauft, sämtliche Bücher des Rowohlt Verlages seit seiner Gründung 1908 chronologisch geordnet zu finden waren. An jenem Morgen war Ledig entgegen seiner Gewohnheit (üblicherweise erschien er nie vor 14 Uhr) früh im Verlag, wohl «zur Begrüßung»; er gab mir ein Vorausexemplar von Ernst von Salomons Historien-Schinken ‹Die schöne Wilhelmine› mit den Worten: «Sehen Sie mal zu, was wir für den Quark tun können.» Daraufhin telefonierte ich rasch mit dem für Vorabdrucke verantwortlichen ‹Stern›-Redakteur Victor Schuller, den ich aus ‹Revue›-Zeiten bei Kindler kannte. Er kaufte es blind.

Am frühen Nachmittag bat mich Ernst Rowohlt mit einem überaus freundlichen Willkommensgruß in sein Büro und zeigte mir seinerseits das Ernst-von-

Salomon-Buch mit der Frage: «Glauben Sie, Sie können dafür irgendetwas tun?» Meine vielleicht etwas zu selbstbewusste Antwort «Das habe ich heute Vormittag für 50 000 Mark an den ‹Stern› verkauft» schien ihn zu freuen. Was ich nicht wusste, erst einen Tag später von seiner Sekretärin erfuhr: Er hatte, kaum war ich aus dem Zimmer, einen vulkanartigen Wutausbruch, schleuderte Bücher und Akten durch die Luft und schrie: «Gehört dem jungen Mann bereits der Verlag?» Doppeltes Menetekel: Mein erster Tag im Verlag war der letzte dort von Ernst Rowohlt. Des Mannes, der nicht zuletzt – gegen Ledigs Desinteresse, gegen das ausführliche Doch-nur-ein-Humor-Autor-Gutachten eines alten Lektors – mein Herzensanliegen durchgesetzt hatte: die noch im Knusperhäus'chen von Mary Tucholsky mit ihm geplante dreibändige Dünndruckausgabe von Tucholskys gesammelten Werken. Jede Anekdote hat zwei Dimensionen. 1960 wurde der soeben erschienene Band I Ernst Rowohlt mit ins Grab gelegt.

Aber warum doppeltes Menetekel? Ich war der Besatzung des Riesenschiffs unheimlich. Es gab drei Geschäftsführer, «alte Kameraden», die Offizier Rowohlt aus dem Krieg mitgebracht hatte; für jeden Bereich – Vertrieb, Herstellung, Finanzen – einen. Ledig, seinerseits nicht mehr als (der vierte) Geschäftsführer, war nur zu geringen Teilen Mitinhaber und

**Mit Fritz J. Raddatz, 1966.
Links im Hintergrund das Bild
von Winfred Gaul**

nicht «alleinzeichnungsberechtigt»: Er musste mit den Herren zurechtkommen, für jeden Vertrag eine zweite Unterschrift erbitten – und die drei Kriegsveteranen mussten sich mit dem *primus inter pares* arrangieren. Sie gingen sich, so gut es eben ging, aus dem Weg – indem sie eng zusammenarbeiteten, zum Wohle des mehr und mehr gedeihenden Verlages. Dieser Ledig mit seinen zu farbigen Krawatten, lila- oder orange-farbenen Strümpfen, breiten bestickten Hosenträgern, bald liiert mit einer ganz und gar unspießigen Schönheit, die zwei Mal vom Porzellanfabrikanten Rosenthal geschieden war (und später Jane Ledig-Rowohlt wurde), dieser Genet-Henry-Miller-Sartre-Nabokov-Lady-Chatterley-Verleger war nicht nach dem Geschmack jener Leute (den sie nicht hatten). Das musste man, wohl oder wehe, akzeptieren. Doch nun auch noch ein junger Spund, ein Günstling? Was sollte der? Was wollte der?

Das Unheil war: Der wollte was. Im Grunde war der Verlag ja ein «Ehrenfriedhof von Arlington», lauter Ehemalige wie die einst so erfolgreichen Marek (Ceram) oder Salomon, daneben ruhmreiche Tote wie Thomas Wolfe oder William Faulkner. Es war allein Ledig, der mir mit Freude und Enthusiasmus Wind unter die Flügel blies. Der «Apparat» wollte die knicken.

Prompt kam es sogleich zum Eklat. Das erste Buch, das ich – wie man es im Verlagsjargon nennt – «an

Land zog», war der Briefwechsel zwischen Günther Anders und Claude Eatherly. Anders, berühmt durch sein prophetisches Buch ‹Die Antiquiertheit des Menschen›, hatte den amerikanischen Piloten der reichlich sportiv «Straight Flush» genannten Maschine aufgetan, des Zielflugzeugs, das die Abwurfstelle der Atombombe über Hiroshima markiert hatte, dem die Boeing B-29 mit der Massaker-Bombe an Bord folgte. Gequält von Gewissensbissen wegen der Beihilfe zu diesem hunderttausendfachen Mord, war Eatherly in den USA zu einem psychiatrischen Fall geworden. Ich hatte Zeitungsberichte über den verzweifelten Mann, über die Korrespondenz mit Anders gelesen, flog nach Wien, las im Arbeitszimmer des jüdischen Remigranten zwei Tage lang die Briefe und machte sofort mit Anders den Vertrag. Empörung über dieses antiamerikanische Projekt raste durch den Verlag. Nur Ledig war begeistert, sah sofort ein *golden nugget*. Was er nicht sah: dass der tiefreaktionäre Leiter unseres Pariser Büros auf eigene Kosten nach New York flog, um die Fälschung aufzudecken. Allein, es war keine. Ledig hatte recht behalten. Der schmale Band wurde – der Empörung folgte das blanke Entsetzen – ein Riesenerfolg, Auflage um Auflage wurde gedruckt, der für jene Fax- und E-Mail-lose Zeit auch international ganz ungewöhnlich Vernetzte konnte knapp zwanzig Auslandsausgaben arrangieren. Nichts ist so erfolgreich wie der Erfolg.

Der Ärger über den jungen Ostmenschen war nur mehr ein Murren. Ledig aber hatte mich in sein Herz geschlossen, da, wo ja bekanntlich auch die Brieftasche sitzt. Denn je mehr er mir Mut machte, mich gar anfeuerte, desto häufiger wurden «Ihre Bücher», wie er das nannte, Erfolge – mal kommerziell, mal nur *succès d'estime.* Mal Hubert Fichte im roten Seidensakko, für dessen Buchpremiere ‹Die Palette› ich den Star-Club auf der Reeperbahn mietete, da, wo die Beatles begonnen hatten und wo der schöne schwule Autor nun vorlas; mal Gisela Elsner, die den Prix Formentor gewann; mal Walter Kempowski mit dem sich mühsam abgerungenen Erstling ‹Im Block›. Eine Komödie von Walter Hasenclever heißt ‹Ehen werden im Himmel geschlossen›. Die Ehe zwischen Ledig und mir wurde auf Buchpapier geschlossen, auf dem Papier ganzer dem Verlagsprogramm hinzugefügter Reihen: Rowohlt Paperback; rororo Sexologie; rororo aktuell. Ich hatte die Ideen, und es war Ledig, der das ermöglichte. Tatsächlich war es eine Ehe. Der Ältere liebte, der Jüngere verehrte. Da die deutschen Kleinbürger nicht unterscheiden können zwischen homoerotisch und homosexuell – ein FAZ-Kritiker hielt mir später vor, ich hätte Rilkes Beziehung zu Rodin homoerotisch genannt, wozu der Frauenfreund Rodin doch wahrlich nicht neigte –, muss ich leider präzisieren: Ja, es war in unseren guten Jahren eine homoerotische Beziehung – die sich aber auf intellektueller

Gratulant für die Gewinnerin des Prix Formentor: mit Gisela Elsner 1965, dahinter Fritz J. Raddatz

Ebene abspielte. «Haben Sie je mit ihm geschlafen?», wollte ein ‹Stern›-Reporter wissen. Nein, Euer Ehren, das habe ich nicht.

Obwohl, obwohl. Der so ganz unbürgerliche Ledig sah gutgebaute junge Männer durchaus gern. So trug er bis zu seinem Tode das Foto unseres schlanken Autors Konrad Bayer, knapp mit einer engen Badehose bekleidet, in der Brieftasche bei sich. So konnte er mit Stentorstimme in seinem vornehmen Hamburger Lieblingsrestaurant rufen: «Sieben Mal Tripper», und die beflissenen Kellner reagierten völlig ungerührt, verneigten sich mit einem «Sehr wohl, Herr Ledig-Rowohlt». Ähnlich konnte er sagen, so beiläufig, als bestellte er eine weitere Flasche Wein: «Ha – natürlich hatte ich auch mal was mit Jungens.» Das hatte nichts mit «schwul» zu tun – es war das überbordende Abenteuer Leben. Und Leben hatte für diesen Mann eben nicht nur eine Dimension, es hatte viele Facetten. Und wenn er – viele Jahre später, nach bitterem Zerwürfnis und schöner Versöhnung – auf dem Fest zu einem meiner vielen runden Geburtstage auf der Frankfurter Buchmesse in einer kleinen Rede sagte «Die Jahre mit Fritz, das waren die besten Jahre meines Lebens»: dann sprach er von einer Liebe, meine Herren FAZ-Kritiker und ‹Stern›-Reporter, die nichts, aber auch gar nichts «damit» zu tun hatte.

Indem ich heute, 23 Jahre nach seinem Tod, an Ledig denke und mich für dieses Buch an ihn und uns erinnere, lese ich in alten Aufzeichnungen von mir und greife auch zu einem kleinen Porträt, das ich anlässlich seines sechzigsten Geburtstags für eine nur für die Gäste publizierte Festschrift verfasste. Schon damals wollte ich die vielen Farben mischen, die ein Bild von ihm braucht: Heinrich Maria Ledig-Rowohlt war kein Autor – also nicht sein eigenes Sonnensystem; aber er war Verleger – also sein eigenes System von Raum und Zeit. Wer einen Kommentar zu Chagalls Bildern schreiben will, sollte sich zuerst an einer Porträt-Skizze von Ledig und Jane versuchen: Sie lebten ihr eigenes Märchen, im Nerz von Dior und im Tweed aus der St. George Street, sie schwebten – heiter, bunt und sich selber lauschend – über den Dorfstraßen dieser Welt, über Hütte, Pferd und Wagen. Es war ihnen egal …

Das vielleicht war Ledigs Geheimnis: Vieles war ihm egal. Er rannte niemandem hinterher, er hörte nicht zu – und trotzdem sprachen die Leute am liebsten mit ihm. Er beantwortete keine Briefe – las sie aber gern. Er war nie pünktlich. Er ließ alle Welt warten. Er vergaß, dass man, um nach Wien zu reisen, einen Pass brauchte (den er damals auf der Reeperbahn, als sein Geld alle war, als Pfand «hinterlassen» hatte). Er durfte also nicht nach Wien fliegen, wo es prompt statt der angekündigten Haupt- und Staatsaktion nur Skandal gab, den jeder gern verpasste. Er telefonierte

stundenlang – entweder, um unserem Pariser Büro-
chef detailliert das Grauen seines Zahnwehs zu klagen,
oder um mir aus Zürich seitenlang aus Flann O'Briens
köstlich-unverkäuflichem Buch ‹The Third Policeman›
vorzulesen, dreißig Minuten unbeeindruckt vom
rasenden Klingeln dreier anderer Telefone auf meinem
Tisch: «Na ja, mein Guter», sagte er abschließend, «ich
will Sie nicht aufhalten – aber es ist eben der Beckett
des Humors –, sagen Sie's mal noch niemandem im
Hause: Aber das *müssen* wir verlegen.» Wenn ich ihm
auf die permanente Neugierfrage «Gibt's sonst noch
was?» etwa vom 15000-Dollar-Vorabdrucksangebot
einer Illustrierten stolz berichtete, kam nur: «Idioten.»
Geld (so *wenig* Geld) interessierte ihn nicht.

Erst wenn das große Geschäft winkte, wurden die
Mäuseohren und listigen Augen hellwach. Berichte
über Tagungen des Börsenvereins, über Mehrwert-
steuer oder neue Druckmaschinen konnten HMLR
zur Verzweiflung der Mitarbeiter nicht abhalten,
gleichzeitig die Literaturblätter zu lesen, mit Rudolf
Augstein, dem Arzt der Tochter, dem Schwieger-
sohn, dem «lieben Leo» von Bertelsmann und «der
Münchner Frau» zu telefonieren – und, wenn auf sein
gedankenloses «Ja, mein Schätzchen» ein freundliches
«Yes, Candy» aus dem Hörer piepste, seine Sekretärin
anzuschnauzen: «Mensch, BB, ich habe doch gesagt
‹mit meiner Frau verbinden›, ich meinte *natürlich* die
andere, verstehen Sie das denn nicht?»

Wenn nach einem solchen gewöhnlich fünfundzwanzigminütigen Marathon, während dessen die für HMLR auf ihrem Balkon rosenzüchtende Kaffeefrau ein Schmalzbrötchen und ihren ziemlich ungenießbaren Kaffee in einer henkellosen Tasse wie köstlichen Nektar kredenzte, eine andere Dame grässlich fetten Schweinebraten mit einem von Spülungen, Tiefkühlungen und endlos wiederholtem Aufwärmen fahlen und schalen Sauerkraut brachte, was Ledig hintereinander, ohne zu murren und ohne es zu bemerken, in sich hineinschaufelte: Dann war der imposante Bauch des Finanzministers schließlich drohend gereckt; dann rauchte der Vertriebschef seine dritte von den zwei erlaubten Vormittagszigarren; dann hatte der überreizte Herstellungsleiter in die Kalkulation des neuesten «ganz unlesbaren» Paperbacks, über das man sich mal eben fünf Minuten unterhalten wollte, das Datum mit eingerechnet; dann zerriss mit zerrütteten Nerven der Theaterverlagschef das meterlange Fernschreiben mit Hochhuths 83. Änderung des dritten Akts; dann hatte Raddatz sich seinen vierten Fingernagel abgenagt. Und wenn dann nicht BB hereinkam und mit weiblicher Logik sagte: «Seht mal, wie niedlich, da draußen äst ein Reh – ach, dieses blöde Reinbek», oder der Fahrer zum dritten Mal erschien, weil er mit dem Boss in 25 Minuten am 30 Kilometer entfernten Flughafen sein musste – dann sprach Ledig in großer Ruhe: «Ja, was sagtet

Ihr eben so richtig? Ich habe nicht so ganz zugehört ...»

Das Zuhören begann für Ledig bei zwei Dingen: Literatur und größere Summen. Wenn ihn etwas interessierte, vergaß er alles andere um sich herum. Da lag die Quelle seiner enormen physischen Kraft und intellektuellen Präsenz: Für die totale Hingabe an eine Person oder ein Problem entschädigte er sich quasi durch «Ausblenden». Den Lübecker Ratskeller, in den das Chagallpaar Ledig und Jane einst zu einem höchst angeregten Abendessen mit Henry Miller per Auto und Chauffeur «eingeschwebt» war, verließen sie durch einen zweiten Eingang, fuhren mit dem Taxi nach Hamburg zurück und sagten, als der halb erfrorene Fahrer, immer noch am Lübecker Ratskeller wartend, nach Stunden zu Hause anrief, erstaunt: «Aber wir sind doch längst hier!»

Ledig allerdings, der mich, seinen jahrelangen engen Mitarbeiter, Kettenraucher, auf die Bemerkung «Ich habe mir das Rauchen abgewöhnt» verwundert fragte: «Ja, rauchen Sie denn?», der einer ohnmächtig gewordenen Sekretärin einfach weiterdiktierte oder das Diktat mit seiner langjährigen Fremdsprachensekretärin unterbrach, um zu sagen: «Jetzt soll mal einer reinkommen, dem ich 'nen kleinen englischen Brief ansagen kann» – dieser Ledig vergaß auch, sich um sich selber zu kümmern.

Als auf der Frankfurter Buchmesse ein smarter

Mit Inge Feltrinelli und Rolf Hochhuth auf der Frankfurter Buchmesse, 1970

Literaturagent das William-Manchester-Buch zum Tod von John F. Kennedy verauktionierte und ich, der einen Kennedy-Tick hatte, daraus ein Manuskript-segment von ca. 80 Seiten in dessen Hotelzimmer lesen durfte – «Aber bitte seien Sie bis 23.15 Uhr fertig, dann kommt Herr Harpprecht vom Fischer Verlag» –, da dachte ich einen Augenblick, den Bestseller des Jahrhunderts in der Hand zu halten: die Geschichte der Scarlett O'Hara, geschrieben von Boris Pasternak. Es war gleich Mitternacht, als ich Ledig im Hessischen Hof anrief. Aus dem Telefon kam nur ein Grunzen. Eiligst reportierte ich. Es grunzte. Ich rief: «Kennedy!» und: «Pasternak!» und: «Vom Winde verweht!» und: «‹Stern›-Vorabdruck!» und: «80 000 Dollar!» Es grunzte. Ich raste in sein Hotel, rannte einfach die Treppen hoch und in sein Zimmer: Chagall war not-gelandet. Zwischen Flacons und Blumenarrangements und Kübeln mit schmelzenden Eiswürfeln und Obst-schalen und Flaschen voll weißem Bacardi-Rum und Kleenex-Schnee und zahllosen Pillenschachteln lag unter riesigen Plumeaus, einen Frotté-Turban um den Kopf, ohne Augen, rot geschwollen, mein Verleger: fast schlafend, den Telefonhörer noch in der Hand. Um ihn, in fließenden Gewändern, mit dramatisch ver-rutschter Nachthaube von Balmain, flatterte Lady Jane, eine gestörte Nachtigall: «Il est malade, vous-savez, he is not feeling well at all, Raddatz, er hat der Grippe ...»

Auf der Messe haben immer alle die Grippe – das

ist eine Krankheit, die aus den Folgen von Aufregung, zu viel Zigaretten, zu viel Reden, zu viel Alkohol und zu wenig Schlaf besteht. Sie ist ansteckend. Was tun? Lady Jane mixte vor allem erst einmal einen fabelhaften Daiquiri. Dann kniete ich neben Ledigs Bett und flüsterte ihm in wohlgesetzten Worten meine Botschaft ins Ohr: Ohne aufzuwachen, wachte er auf. Schniefend und prustend, augenblicklich hellwach, warf er alle Decken ab, legte den Hörer auf, hob den Hörer ab, rief den Vertriebschef Hintermeier an, ließ Leo von Bertelsmann suchen, rief Leo an, schwebte nackt, den Turban noch auf dem Kopf, mit Krötengrazie durchs Zimmer, trank Lady Janes mit wehender Hand gereichten Daiquiri, überlegte, kalkulierte, ließ mich die tragische Geschichte der blutverschmierten Jacqueline im Präsidentenflugzeug erzählen, fand Finanzchef Busch puppenmunter in der Bar des Frankfurter Hofs – und war für zwei Stunden ganz gesund. Danach wussten wir genau, wie viel (für uns) das Buch wert war, wie viel ich am nächsten Morgen bieten konnte – und HMLR, zufrieden, sagte: «Übrigens bin ich krank.» Sprach's, sprang ins Bett unter die Plumeauberge und schlief. Kein Aribert Wäscher hätte Volpone, kein O. E. Hasse je den Churchill so perfekt geben können …

Gar nicht ums Geldverdienen ging's, als ich – Jahre zuvor – eine ähnliche Szene erlebte: Ledig hatte sich auf Hans Werner Richters Saulgau-Tagung der Gruppe 47 in Konrad Bayer verliebt, mochte ihn, noch bevor er seine Texte kannte und mochte. Nun hatte ich in dem Dorfgasthaus, in dem wir alle abgestiegen waren, aus Versehen das feinere Zimmer, mit riesigem Bad, Ledig nur eine Kemenate, ohne Bad. Nach einigen messeähnlich turbulenten Nächten wollte er sich zurück ins Leben «wässern», badete bei mir und beichtete das für einen Autor viel zu hohe monatliche Fixum, das er dem Konrad Bayer versprochen hatte. Es begann der sonderbare, gar nicht seltene Kampf des literarischen Beraters, der dem Verleger sein Geld sparen wollte, während dieser partout darauf bestand, es an einen Autor zu verschenken: Nur mit einer Unterhose bekleidet, ließ ich dem schon rot anlaufenden Ledig immer mehr und mehr heißes Wasser in die Wanne, schrie: «Zu viel Geld»; und: «Zu jung»; und: «Was schreibt der denn schon»; und: «Sie verderben die jungen Autoren!» Ledig planschte, dampfte, setzte alles unter Wasser und gab, diesmal mehr Marat als Churchill, wenn ich heißes Wasser nachlaufen ließ, hundertmarkweise nach, schrie: «Sie sind schuld»; und: «Seien Sie doch nicht so geizig»; und: «Sie müssen mir dann aber auch bei Busch helfen»; und: «Wo kaufen Sie Ihre Unterhosen?»

In dem Moment kam Gisela Elsner herein, im Lackmantel und mit Koffer, mich – wie verabredet – zur Autofahrt nach München abzuholen. Ledig hatte zwei neue deutsche Autoren …

Da nämlich wachte er auf, da hörte er zu, da telefonierte er nicht mehr, da schrieb er sogar Briefe und ließ höchstens eine Stunde auf sich warten: wenn es um Autoren ging! Da wurde Lust aus der List – sogar Papier und Druck untersuchte er neidvoll, als er bei mir im Zimmer Emmett Williams' in New York erschienene schöne Anthologie der Konkreten Poesie fand. Da wusste er auch ganz einfach mehr. Als ich nach langer Lektüre – Henry Miller hatte so begeistert von dem Autor erzählt – mal erwähnte, ob wir uns nicht um John Cowper Powys kümmern sollten, nahm Ledig das Resultat vorweg: «Ach, wissen Sie, was sollten wir schon außer der ‹Autobiographie› und dem ‹Wolf Solent› verlegen?» Und als ich es empörend fand, dass Marcel Jouhandeau in Deutschland nicht ordentlich präsentiert war, sagte er: «Gut, bereiten Sie eine schöne Ausgabe vor – aber nur, wenn Sie mir versprechen, die Texte, die ich schon 1949 in der ‹story› veröffentlicht habe, zu berücksichtigen.» Und als er in meinem Büro den prächtigen El-Lissitzky-Band vom Dresdner VEB-Verlag der Kunst sah, knurrte er: «Ihr rotes Herz in Ehren, aber schleppen Sie mir bloß nicht den Lissitzky an – nicht, wenn Sie mir nicht vorher Schwitters besorgen!» Ob es viele Verleger gibt, die El Lissitzky kennen (und Schwitters seit frühester Jugend lieben)?

Ledigs berühmte Reeperbahn-Streifzüge waren keineswegs aus schierer gargantuesker Gier geboren; eher, das klingt paradox, aus Schüchternheit, aus der Scheu, einem Gast, einem Freund nicht genug von sich zu geben, von seiner Zeit, seiner Kraft, seinem Geld. Diese drei Dinge nämlich braucht und brauchte man auch damals in jener Gegend Hamburgs ... Ledig, ließ er sich einmal fallen, wollte dann auch tief fallen – vom Stadtcasino zu den whiskytrinkenden Pferden, zur Holzbeinnutte in Jahnkes Ballhaus, zu Catacarla, dem Cocteau-Verse plärrenden Transvestiten mit der KZ-Nummer auf dem Arm, zur dicken stiefelgeknöpften Hure in der Herbertstraße, die den köstlich warmen Fruchtsekt «Mon Chérie» für hundert Mark einschenkte – er ließ die Räder des kleinen Las Vegas schnurren und gleißen und flippen. Ich ging meist gegen ein Uhr nachts verloren – «die Älteren haben eben mehr Kraft». Aber Ledigs Güte und Schüchternheit waren erbarmungslos. Ich erinnere mich an eine Nacht, in der Enzensberger und Rühmkorf und ich verzweifelt zu entkommen suchten, aber Ledig vor dem rettenden Taxi wie ein riesiger Schatten fröhlich auftauchte: «Ein Glück, dass ich euch gefunden habe, Freunde, wir haben uns aus den Augen verloren!» Kein Erbarmen, wir mussten mit. An dem Nagel in der Kammer hingen schon der teure Bowlerhut, der Londoner Schirm und der Mantel mit dem Samtkragen. Und auf dem Bett saß, hocherfreut und sehr wach, Martin Walser. Und wir mussten alle «Mon Chérie» trinken, bis wir einschliefen ...

Man muss Ledig freilich sehr gut gekannt haben, um dieser seiner Mimikry nicht zum Opfer zu fallen, nicht in die sorgfältig ausgelegte Schlinge zu stolpern: Von derlei Histörchen zu plaudern, von den bestickten Hosenträgern, orangefarbenen Socken und grün schillernden Schlipsen, das erfasst den Mann nicht, nicht sein Vergessen und Genießen, seine Menschlichkeit und Menschenfresserei, das Großzügige und das Rechnerische. Johannes Bobrowski sagte dazu: «*Er* kann das tun, *er* schmeißt sich aufs Kreuz, wenn er will, und er räuspert sich, wie er will und wie's ihm passt.»

Ledig gab sich heiter und unbeschwert, fast aus Höflichkeit, wie der Chansondichter, der nicht zugibt, wie viel Arbeit in einem heiteren Trällerliedchen steckt: Er war ein harter, kenntnisreicher Arbeiter. Ihm entgingen weder Druckfehler in einer beliebigen Taschenbuch-Fahne noch die falsche Farbnuance eines Umschlagandruck noch der gedankliche Leerlauf eines sich philosophisch gebärdenden Autors. Vor allem entging ihm kein falscher Ton in einer Übersetzung – der Chef des Verlages war selber sein bester Übersetzer; mindestens zweimal im Jahr packte er ein gut Teil seines Lektorats zusammen und zog «aufs Land»: So wurden Miller und Genet, Nabokov und Lawrence, Klossowski und Hubert Selby «poliert», abgehört, abgeschmeckt. Mit derselben Unerbittlichkeit, mit der im Chor bleicher, wankender Lektoren Nächte hindurch Klappentexte geschrieben und verworfen und umgeschrieben und neu geschrieben wurden, wurde auch, den großen Webster in der Hand, ein Wort gesucht und dann erlegt, und wenn es gegen Morgen war; denn das Wort hatte es ihm angetan, dem unmodernsten Verleger, den ich je kennengelernt habe.

Ledig war ein sensibler Elefant. Er vergaß nie eine Kränkung – so auch nicht die durch Feltrinelli. Den nämlich hatte er in seinem Haus mit Inge Schönthal bekannt gemacht: den damals reichsten Mann Italiens, wenn nicht Europas, mit der begabten Fotografin. Es war ein Coup de Foudre, und bald hieß die Freundin aus vergangenen Tagen Inge Feltrinelli: bis zur Stunde die inzwischen legendäre Präsidentin des Feltrinelli-Verlags, den sie durch viele Fährnisse gesteuert und nach dessen Großjährigkeit dem Sohn Carlo überantwortet hat. Es war Ledig, der dem unerfahrenen Milliardär erklärte, was ein Verlag ist, wie man ihn aufbaut, leitet, zum Erfolg bringt. Als der reiche Neuling nun gleich zwei internationale Riesenbestseller – Pasternaks ‹Doktor Schiwago› und Lampedusas ‹Der Leopard› – verlegte, die deutschen Rechte aber an die Verlage Piper und S. Fischer vergab, verzieh ihm Ledig das nie. Reichtum sah er immer mit einem bewundernden und einem scheelen Auge. Dass Feltrinelli auf seiner

Mit George Grosz

Luxus-Yacht nachts, wenn die Gäste in ihren Kabinen schliefen, die Weinreste aus den Flaschen ineinandergoss, konnte er nicht oft genug erzählen. Mehr noch. Als sich jene legendenumwobene Formentor-Gruppe internationaler Verleger formte, sorgte Ledig dafür, dass nicht Feltrinelli der italienische Partner wurde (obwohl der mit seinem Charme, seinem vielsprachigen internationalen Flair und nicht zuletzt mit der hocheleganten Frau Inge bestens dazu gepasst hätte), sondern der dröge Giulio Einaudi, zwar Sohn des Staatspräsidenten, doch ein fast mickriger Mann ohne Charisma, dessen Brillanz man mit der Lupe suchen musste. Ledig war extrem nachtragend. Und ebenso extrem eitel. Fast qua «Erlass» verbot er, dass irgendjemand im Verlag außer ihm einen mit weißem Leder bezogenen Schreibtischsessel hatte; fast qua «Gebot» war der Chauffeur gehalten, ihm morgens vor Beginn eines jeden Messetages in Frankfurt eine frisch geschnittene Blume – Rose, Nelke oder Chrysantheme – für das Knopfloch seines Savile-Row-Anzugs zu besorgen; fast qua «Gesetz» war nur er es, der Nabokov in Montreux besuchen durfte – eine von mir selbstverständlich respektierte stillschweigende Übereinkunft. Er überließ mir nahezu gänzlich die literarische Führung des Verlages, «überließ» mir gar Sartre, deutsche Autoren ohnehin. «Den übernehmen Sie bloß», meinte er über Hubert Fichte, und: «Das Original ist mir lieber», urteilte er, auf Ringelnatz anspielend, über Rühmkorf, und: «Schaffen Sie mir diesen spießigen Besserwisser vom Hals»; damit war Walter Jens nicht mehr Rowohlt-Autor. Selbst wenn es dem Verlag schadete, trennte er sich von Autoren, die ihm zu roh und selbstgewiss waren. Arno Schmidt, Rowohlt-Autor der frühen Jahre, muss ihm einen grobschlächtigen Brief geschrieben haben, wohl auch nach Art des Heide-Poeten hochnäsig. «Mit dem Mann will ich nie wieder etwas zu tun haben» war die Reaktion.

Das ist ein wichtiger Aspekt, bedenkt man die Persönlichkeit dieses Literatur-Besessenen. Er war so trunken-hingerissen von Beckett (der ja gar nicht sein Autor war), dass er mir bei einem Paris-Spaziergang entlang dem Boulevard St. Germain laut gestikulierend aus ‹Comment c'est› vorlas, bis er gegen einen Laternenpfahl rannte und sich eine mächtige Beule holte – aber seine unter Bramarbasieren und einer Haut aus Alkohol verborgene Schüchternheit war angstgefüttert. Und vor deutschen Autoren – nicht Rezzori, nicht Marek-Ceram, das waren eher Kumpel – hatte dieser Ledig Angst. Er muss gefürchtet haben, sie wollten «etwas», sie kämen ihm zu nahe, sie drehten den Igel um und sähen, verletzten gar das Weiche darunter. Das musste er von Céline, den er gelegentlich besuchte, nicht fürchten. Und er musste nicht Sorge haben, von Updike noch von Philip Roth noch von Vargas Llosa mit der wahnhaften Egoma-

**Mit Albert Camus,
fünfziger Jahre**

nie konfrontiert zu werden, mit der jeder Autor sein Schreibmaschinenbaby umhegt; jene Bücher waren ja fertig, man konnte sie mögen, also verlegen, oder mies finden, also die Rechte nicht erwerben. «Detlev oymelt mit dem Oymel»: Womit Hubert Fichte, aus einem Manuskript zum Entsetzen der Kellner in Cölln's Austernstuben lauthals vorlesend, den Abend begann, das hätte Ledig nicht ausgehalten. Letztlich war er einsam, wollte Distanz, wollte niemandem Zutritt zu dieser Einsamkeit gestatten. Deswegen: Achtung, wenn er – gerne und oft – überhöflich war. Die Törichten wähnten, sie wären ihm nahe. Erstaunlich, dass Siegfried Unseld auf Ledigs recht saftige Komplimente hereinfiel, sich gar befreundet mit ihm wähnte. Indes der König von Reinbek den Herrn aus Ulm keineswegs schätzte, ihn stiernackig und grob fand, ihm vor allem – «ein Nachahmer» – übelnahm, dass Unseld ihn nachäffte mit giftgrünen oder zu gelben Krawatten; die sahen bei ihm tatsächlich nicht apart aus wie beim Original, sondern vulgär. Erstaunlich sage ich, weil Unseld ja – seine Briefwechsel mit dem hinterlistigen Thomas Bernhard und dem geldgeilen Peter Handke beweisen das – ein sensibler und aufmerksamer Verleger war; für die feinen Nuancen eines Ledig war er taub. Und Ledigs «Küss die Hand, gnädige Frau» hieß in der Übersetzung: «Lassen Sie mich in Ruhe.» Wir saßen ja fast jeden Tag an seinem großen Schreibtisch nebeneinander, ich hatte einen zweiten Hörer an seinem Telefon, damit ich auch jedes Wort mithören (und hinterher mit ihm erörtern) konnte. Einmal rief eine adelige Dame an – ich glaube, sie hatte bei der Neugründung des Verlags nach dem Krieg finanziell geholfen –, und Ledig konnte sich gar nicht überbieten mit seinem etwas liebedienerischen «Ach, wie schön, gnädige Frau, Sie zu hören» und «Aber selbstverständlich, verehrte gnädige Frau» – so ging das ungefähr zwanzig Minuten, Honig um den nicht vorhandenen Bart. Man verabschiedete sich, und aufseufzend stöhnte Ledig sehr laut: «Und lecken Sie mich am Arsch, gnädige Frau»; er hatte aber vergessen, den Hörer richtig aufzulegen.

Ledig war ein *man-eater*. Und ein großer Kümmerer. Ein Perlentaucher, den es, hatte er nur die Perle gefunden, nicht interessierte, was der jeweils andere mit der Perle tat. Bei seinen berühmt-berüchtigten Übersetzungs-«Seminaren» drehte und wendete er jedes Wort, sah und hörte aber kaum hin, wer sich noch neben ihm quälte. So «lieh» er sich einmal eine ganz junge Sekretärin fürs Protokoll von mir aus, sie war neu in meinem Büro. Und schnaubte sie an: «Also – wie sagt man denn nun im Deutschen: ‹Ich komme› oder ‹Es kommt mir›?» Das arme Wesen errötete still, so dass der ehrfürchtig Bestaunte nur ungeduldig sagte: «Also, Sie wissen nichts vom Leben.»

Das allerdings wusste er. Ich hatte in den ersten

Rowohlt-Jahren eine rasende Affäre mit einem – wie ich ihn nannte – «sizilianischen Bauernburschen aus Schleswig-Holstein», dem tatsächlich dunkelolivhäutigen, tiefschwarz behaarten, mandeläugigen Erben eines kleinen Gutes vor den Toren Lübecks; als ich ihn in St. Tropez sah und wie selbstverständlich auf Französisch ansprach, verstand er kein Wort. In Reinfeld sprach man nicht Französisch; auch sah man dort sehr selten so, wie ein Irrtum der Natur, aus. Weil ich selber noch nicht einmal dreißig war, kannte ich den Unterschied zwischen Liebe und Sex nicht. So nahm ich die fast irrsinnige Sexbesessenheit des Sizilianers aus Reinfeld für Liebesbeweise. Bis sich nach Jahren des permanenten Rauschs eines Tages herausstellte, dass diese «Liebesbeweise» durchaus auch, und nicht zu knapp, anderen Männern erbracht wurden; gelegentlich in meiner Wohnung, in meinem Bett. Als ich dahinterkam, verließ ich selbigen Tags die Wohnung, brachte es nicht fertig, weiter in meinem Bett zu schlafen, verkaufte es – und zog ins Hotel Vier Jahreszeiten. Niemand wusste das. Doch. Einer wusste es: Ledig. Wer ihm mein Drama verpetzt hatte, habe ich nie erfahren. Etwa am dritten Tag meiner Hotelexistenz klopfte es sehr spät abends an der Zimmertür: Es war Ledig. Unter jedem Arm eine Flasche Whisky. «Sagen Sie kein Wort. Ich will keine Details. Ich kenne das Leben. Jetzt besaufen wir uns beide.»

Der sensible Elefant. Er konnte trompeten, stamp-

Mit William Faulkner

fen; und zärtlich sein. Er war hoffärtig – «Das ist kein Herr, das ist mein Chauffeur», antwortete er auf die Frage eines Hotel-Concierge, wo denn der andere Herr untergebracht werden solle; und über eine Hamburger Party-Schönheit hieß es nur «Feldwebels Tochter». Jahre später sollte auch ich davon abbekommen. Vorerst hütete er meine Programmvorschläge – und behütete mich. Er lud mich in Paris in das dem Théâtre Odéon gegenüberliegende Luxusrestaurant ein, wie so oft einen Verlagstermin versäumend, um mir vorzuführen, was ein *Bouquet Roses* ist, ein Langusten-Cocktail, den ich natürlich nicht kannte. Er zeigte mir bestimmte Bars, sogar «gewisse», und warnte mich fast väterlich: «Sie sind eine Kerze, die an zwei Enden brennt, passen Sie auf sich auf.» Als ich das bei einem späteren Paris-Besuch – ich war ohne ihn mit Sartre verabredet – keineswegs tat, amüsierte ihn das, als erinnerte er sich an seine eigene Jugend. Ich war, euphorisch, gleich nach der Ankunft zum Haus meiner längst verstorbenen französischen Mutter nahe dem Eiffelturm gefahren, fand mich ungeheuer pariserisch, ging ins Deux Magots, trank dort Champagner, ein sehr gut aussehender junger Mann setzte sich zu mir, wir tranken gemeinsam, er lud mich – «Wollen wir noch ein Glas bei mir trinken?» – ein, der Lockenkopf wusste, den «Linkshänger» zu verwöhnen; und als ich wieder auf der Straße stand, war meine Brieftasche mit dem gesamten Reisegeld weg. Der Klassiker.

Ledig fand bei meinem zerknirschten Telefonat das Ganze lachend «typisch Raddatz, Sie passen nicht auf sich auf – und auf Geld sowieso nicht». Er werde sofort im Pariser Büro anrufen, «lassen Sie sich dort so viel Geld geben, wie Sie brauchen». Meine sorglose Beziehung zum Geld hat er viele Jahre später in jener Frankfurter Rede zum Vergnügen der Geladenen geschildert: «Raddatz war ein Teufel, er ließ nicht locker, er drangsalierte mich, er bohrte und bohrte, wir müssten zum Beispiel ganz unbedingt Hubert Selbys ‹Last Exit to Brooklyn› verlegen, meine Einwände, das Buch sei unübersetzbar und – wenn übersetzt – unverkäuflich, überhörte er einfach. Dieser Teufel kannte einfach nicht den Unterschied zwischen 5000 Mark und 50 000 Mark.»

Und diesem Teufel deckte er Jahr für Jahr im Verlag einen Geburtstagstisch. Das sah etwa so aus: Vor dem Knoll-Sofa stand ein ganz niedriger Knoll-Glastisch. Als ich sein Büro betrat, lag darauf eine Lithographie von Magritte. Aber sie lag eben nicht auf der Glasplatte. Als ich sie hochhob, sah ich, sie lag auf zwölf kostbaren Regency-Gläsern. Die hatte ich vor vielleicht zwei oder drei Monaten in einem Antiquitätengeschäft entdeckt, für zu teuer befunden, nicht gekauft, aber BB davon erzählt, Ledigs Sekretärin, mit der ich mich inzwischen ganz großartig verstand (weil sie rasch gemerkt hatte, ich nahm ihr nichts «weg»). Sie hatte ihm, er hatte mir – – – und nun hatte ich …

Mit dieser Grandezza war Ledig auch ein großzügiger Gastgeber, lange Monate zum Beispiel für Henry Miller, für den er in der Reinbeker Eingangshalle einen Pingpong-Tisch aufbauen ließ mit der Ordre, der von ihm geliebte Autor dürfe sich während der Bürozeiten jeden beliebigen Mitarbeiter zum Mitspielen wählen.

Oder für den damals schon sehr alten, entzückend skurrilen Kurt Pinthus, vor Urzeiten Herausgeber der berühmten Expressionisten-Anthologie ‹Menschheitsdämmerung›, der nun durch die Flure wanderte, jene Bücherwand in Ernst Rowohlts Zimmer kontrollierte, auch kleine Ratschläge gab für einen Ernst-Toller-Sammelband oder einen mit Walter-Hasenclever-Texten. Oder war es auch eine kleine, unausgesprochene Hommage an Ernst Rowohlt, der ja jene Anthologie verlegt hatte? Das Verhältnis zwischen Vater und Sohn war weitgehend unklar. Es gab keine sichtbare Verbindung. «Väter'chen» war abwesend, mischte sich von ferne weder in die Geschäfte noch in das Programm des Verlages ein; beide telefonierten nie miteinander – vielleicht privat, am häuslichen Apparat. Im Verlag nicht. Ernst Rowohlts Zimmer blieb eine Mischung aus Museum und Grab.

Am 2. Dezember 1960 hieß es dann morgens plötzlich: «Raddatz soll rüberkommen zu Ledig ins Haus.» Das war sehr ungewöhnlich. Zum einen stand Ledig üblicherweise spät auf, zum anderen hatte ich kaum je außerhalb des Verlagsgebäudes – gelegentlich in der

Stadt, aber nicht in seinem Haus – mit Ledig gesprochen. Ein fahl und gebückt wirkender Ledig öffnete selber die Tür. «Kommen Sie rein.» Es war unheimlich. Er versank in einem tiefen Sessel, sprach erst mal kein Wort. Dann kam ein stoßartiges Krächzen. «Mein Vater ist tot.» Nicht mehr als diese vier Worte. In der Stille klirrten die Eiswürfel im großen Whisky-Glas wie schepperndes Totengeläut. Er stand auf, goss mir ein Glas voll, ich trank schweigend, obwohl ich Whisky nicht mochte. Es war deutlich, dass er noch mit niemandem gesprochen hatte – nicht mit seiner Frau, nicht mit Halbbruder Harry. «Raddatz soll kommen.»

Den Zusammengesunkenen anschauend, lief in meinem Kopf ein Film rückwärts. In diesem überdekorierten Raum – das Haus war klein, die kapriziöse Jane hatte den Salon mit kostbaren Antiquitäten vollgestopft, die Wände mit Samt ausschlagen und eine hintere Wand voll verspiegeln lassen, so dass der Raum riesig wirkte – in diesem überdekorierten Salon also war ich bisher nur ein Mal gewesen, kurz nach jenem Essen in der Insel, da hatte ich, noch in München wohnend, um ein klärendes, erklärendes Gespräch gebeten, was denn nun genau meine Aufgabe im Verlag sein werde. Ein Pariser Freund, der die elegante Welt kannte, angeblich auch die sehr junge Jane noch als Dior-Mannequin – niemand sonst hatte je davon gehört –, beriet mich vor der Reise nach

Tischtennis mit Henry Miller in der Eingangshalle in Reinbek, 1961

Hamburg. Diese raffiniert stilisierte Schöne achte sehr auf Accessoires ihres Gastes … Mein Freund schenkte mir ein vergoldetes Dunhill-Feuerzeug, das sollte ich wie selbstverständlich, aber deutlich sichtbar hervorholen. «Look, Ledig, he has a golden Dunhill lighter», kam wie nach einer Regieanweisung prompt das erste Signal zur Anerkennung des Fremden. Der war von all dem gelben Taft, dem violetten Samt, den Nippes-Etageren und Ormolu-Kandelabern leicht benommen und bat auf Ledigs Frage um einen «Whisky Tonic», was den nächsten Applaus provozierte: «Oh, isn't he rather excentric!» Der schönen Rothaarigen war nicht in den Sinn gekommen, dass der Neu-Westling Gin Tonic und Whisky Soda durcheinandergebracht, dass er noch nie Austern gegessen hatte. Bei Kindler in München hatte ich meistens bis tief in die Nacht im Verlag gearbeitet und war wochenends mit dem VW Käfer zu Mary Tucholsky nach Rottach gefahren, um die Tucholsky-Ausgabe vorzubereiten; manchmal musste sie mit Föhn und verhedderten Verlängerungsschnüren die eingefrorenen Schlösser meiner Luxuslimousine wieder auftauen. Nix Kir royal.

Der Tag bei Ledig verlief großartig, wohl nicht zuletzt dank der raschen Akzeptanz durch Jane. «Nun erzählen Sie mal, wie Sie sich alles vorstellen!» Ein jung wirkender, aufgeräumter, energiegeladener Ledig eröffnete das Schachspiel mit dem ersten Zug. Mein gewiss etwas zu keckes «Aber genau das möchte ich von Ihnen erfahren» gefiel dennoch offensichtlich beiden; Jane holte Champagner.

Die alte Filmspule riss. Hier saß nun ein zusammengesunkener, alt und hilflos wirkender Ledig und suchte deutlich nach einem Anker: *the man with the golden Dunhill lighter.* «Mein Vater war wichtig für mich», murmelte er fast unhörbar. Ich stand auf, ging hinter seinen Sessel, umarmte still Schultern und Rücken – die einzige körperliche Berührung unserer langjährigen Beziehung; wir haben uns nie auch nur die Hand gegeben, blieben beim «Sie», und ich wahrte die Distanz so akkurat, dass ich all die Jahre auf unseren Reisen, vorausgesetzt, dass es anders ging, nicht im selben Hotel abstieg – ob in New York, Paris oder London.

Ledig selber war ein warmherziger Distanzvermesser, nahm derlei Gesten durchaus wahr. Wie er auch ein großzügiger Gastgeber war, nicht nur, wie erwähnt, für den rührenden, klapprigen Pinthus, sondern beispielsweise auch für einen in Deutschland dann hilflos-verlorenen spanischen Redakteur namens Ferrater, unter Franco als Kommunist extrem gefährdet; den hatte Ledig während der Formentor-Zusammenkünfte kennengelernt, von seinen Nöten erfahren und vom Fleck weg für Rowohlt engagiert, obwohl der Unglücksrabe außer Spanisch keine Sprache beherrschte, also in Reinbek «unnütz» war.

Feier zum 80. Geburtstag von Ledig 1988 im «Alten Jachthafen», Hamburg.
Gegenüber von Ledig George Weidenfeld, zu seiner Rechten Inge Feltrinelli, neben dieser Fritz J. Raddatz

Formentor … Was war das nun eigentlich? Zuerst einmal, wie jeder weiß, eine Halbinsel auf Mallorca. Es ist in unserem Zusammenhang aber kein geographischer Begriff, sondern ein literarischer und, wie das damals so genannte *gentlemen's business* es wollte, auch ein mondäner Club; ein politischer ebenso, wenngleich ein mit Tom Wolfes Verdachtsverdikt «Radical Chic» recht gut begriffener. Der kleine, literarisch wie politisch radikale spanische Verlag Seix Barral war im Franco-Spanien mehr und mehr unter Druck geraten. Sein Direktor Carlos Barral ging daran, eine Art Rettungsschirm aufzubauen, höchst aktiv unterstützt von seinem Cheflektor Jaime Salinas, Sohn des hochrenommierten spanischen Lyrikers Pedro Salinas, der Ende der dreißiger Jahre ins antifrancistische Exil in die USA ausgewandert war. Jaime Salinas sprach deshalb perfekt Englisch, Spanisch ohnehin, auch sehr gut Französisch; er wurde der unentbehrliche «Generalsekretär» des Clubs. Der formierte sich also in erster Sitzung im hocheleganten Hotel Formentor – und die *founding fathers* waren eine Elite europäischer Verlage (und eines amerikanischen): allen voran Doyen Claude Gallimard, dann Einaudi, George Weidenfeld, Rowohlt und aus New York Barney Rosset, der sein millionenschweres Erbe in den Avantgarde-Verlag Grove Press und seine Zeitschrift ‹Evergreen Review› investierte, wo er Genet, Beckett, Adamov, Henry Miller, Allen Ginsberg publizierte. Das waren in der internationalen Verlagswelt nicht nur erlauchte Namen – die Gruppe hatte auch den Vorteil, ausschließlich und ohne fremde Kapitalbeteiligungen in Privatbesitz zu sein; ein Vorgehen der Franco-Behörden hätte folglich auch ein Vorgehen gegen diese Inhaber bedeutet. So konstituierte sich der Prix Formentor, der zwei getrennte Strukturen hatte: Der «große» Preis war mit 10 000 Dollar (damals sehr viel Geld) dotiert, gespendet von den beteiligten Verlagen und ausgewählt von je unabhängigen, von den Verlagen zusammengestellten Jurys; der «kleine» dagegen, eine Art Förderpreis, bestand darin, dass sämtliche beteiligten Verlage sich verpflichteten, das koronierte Buch zu verlegen. So erschien später etwa Gisela Elsners von mir präsentierter Roman ‹Die Riesenzwerge› auf einen Schlag in fünf Ländern.

Von mir präsentiert? Wieso von mir? Es zeigt ein weiteres Mal Ledigs ganz außergewöhnlich großherziges Vertrauen zu seinem «Stellvertreter», dass er mich von Beginn an zu sämtlichen Formentor-Tagungen mitnahm, wo immer sie stattfanden, in Salzburg, Saint-Raphaël oder Barcelona, zumeist ausgewählt und vorgeschlagen von «Ritzy» George Weidenfeld, dem Mann mit dem Flair der großen Welt. Ledig hätte das nicht tun müssen, er war weltgewandt und berühmt genug, um wahrlich ohne mich in dieser Runde bestehen zu können. Mehr noch. Trickreich gegen die Regeln verstoßend, delegierte er mich sowohl als Repräsentanten des Rowohlt Verlags als auch als Mitglied der deutschen Jury. Das war sonst nur Monsieur Gallimard gelungen, einem de Gaulle des Verlagswesens, der als Einziger mit dem Wagen über das Frankfurter Messegelände fahren durfte, gelegentlich zu den Formentor-Treffen eine Maitresse mitbrachte unter dem unausgesprochenen Motto «Alle französischen Könige hatten Maitressen» und der mit herrschaftlicher Selbstverständlichkeit Jury und Verlagsstab durcheinandermischte: den marxistischen Lektor Dionys Mascolo, Gallimard-Autor Juan Goytisolo, seine enorm einflussreiche Leiterin der Auslandsabteilung Monique Lange.

Bei der Zusammensetzung «unserer» Jury nun hatte es zuvor in Reinbek eine Art Kartenspiel zwischen Ledig und mir gegeben: Du darfst deinen Enzensberger (bald der vielsprachige Star aller Sitzungen) … dann darf ich meinen François Bondy (den ich als reaktionär empfand); du darfst deinen Hans Mayer (Gast aus dem fernen Sibirien, genannt DDR) … dann darf ich meinen Adolf Frisé (den sympathischen Literaturredakteur des Hessischen Rundfunks und Musil-Herausgeber, kein *sparkling spirit* jedoch – er lobte die Rowohlt-Ausgabe von Ödön von Horváth und fragte mich, wer denn der Übersetzer dieses interessanten Ungarn sei!). Es war alles in allem ein herrlich farbiges Durcheinander, aus Italien kamen Alberto Moravia und Italo Calvino, aus London

Ledig in der Eingangshalle des Reinbeker
Verlagsgebäudes, späte sechziger Jahre

Mary McCarthy, aus New York war der meist Tennis spielende Barney Rosset sein eigenes Team. Es war ein babylonisches Sprachengewirr ... Die Franzosen weigerten sich (wie üblich), irgendwelche Fremdsprachen zu benutzen – aber wie sollte ich auf Französisch erklären, wieso Uwe Johnson ein bedeutender Autor ist? Vor dem Hünen in seiner schwarzen Lederkluft graulten sich Franzosen wie Italiener gleichermaßen. Er erhielt dann – zusammen mit Samuel Beckett – den Großen Preis, hielt eine flammende Rede gegen Geld und die versammelte Schickeria, nahm den Scheck und reiste ab.

Ein bisschen schick war es zweifellos. Die Diners reichten bis in die Nacht, dann wurde in Strömen Champagner ausgeschenkt, einmal war die gut ausgestattete Bar des Hotels Formentor ratzekahl leer getrunken, und als ich mich erbot, ein Auto zu requirieren, um Nachschub zu besorgen, zeigte mir Ledig, dass er eben doch und immer noch der Chef, der Größere war: «Ich habe schon vor zwanzig Minuten ein Motorboot gemietet, das holt uns alles von der nächsten Bucht.»

Klingt solche Erzählung etwa allzu seidenglänzig? Es war gewiss nicht immer Swimmingpool, Tennisplatz, Champagner-Bar. Es waren durchaus energische, oft auch sehr kontroverse Literatur-Diskussionen. Und die Politik blieb keineswegs draußen vor der Tür. Alle Versammelten glaubten, auch ihrerseits unter einem gewissen Schutz zu stehen – dem der internationalen Presse, die naturgemäß, ob aus London, Paris oder Mailand, die Tagungen verfolgte. Aus Deutschland resp. für Deutschland berichtete regelmäßig Dieter E. Zimmer für DIE ZEIT und für den SPIEGEL Katharina Augstein, damals frisch geschieden vom Herausgeber und gleichsam «abgefunden» mit einem Job als Kulturkorrespondentin in Paris. Doch alle hatten sich geirrt. Diktaturen sind nicht so leicht zu beeindrucken. Die Franco-Häscher waren keineswegs an die Leine gelegt worden. Sie hatten es unverhohlen auf den Verlag aus Barcelona abgesehen und da vordringlich auf Jaime Salinas, hochverdächtig als Remigrant aus Amerika und vermutlich Kommunist. Der erschien eines Morgens ganz blass: Nachts war die Polizei in sein Zimmer eingedrungen, er hatte sich der Verhaftung nur unter Hinweis auf die vielen anwesenden Ausländer entziehen können. Und sie kamen wieder, am Tage, ein Trupp von mehreren Polizisten. Das war Ledigs Stunde. Er baute sich in der Hotel-Lobby auf, rief Salinas als Übersetzer herbei und fauchte wie ein Löwe auf Englisch: «Ich bin Mr. Rowohlt aus Deutschland, Chef des größten deutschen Verlages. Mit mir sitzen hier der Sohn des italienischen Staatspräsidenten und Mr. Weidenfeld, Mitglied des britischen Oberhauses (was damals noch nicht stimmte). Alle Anwesenden hier, ausnahmslos, ob Spanier, Amerikaner oder Franzosen, sind meine Gäste. Sie stehen unter meinem persönlichen Schutz. Wenn Sie alle, auch die Journalisten, verhaften wollen – dann bestellen Sie bitte dreißig Lastwagen. Und nun raus hier. Raus, habe ich gesagt!» Ein Caesar ohne Toga. Ledig, vor Wut hochrot im Gesicht, war majestätisch. Ich hatte ihn nie je, habe ihn niemals später wieder so erlebt. Die Lackschwarzen zogen ab. Formentor war gerettet. Bis die Runde sich Jahre später auflöste, aus Gründen, die nicht mehr hierhergehören.

Rowohlt hat Ledig sich übrigens sonst nie genannt, nur hier und bei einer weiteren Ausnahme, von der zu berichten sein wird. Er wurde auch nie so genannt, allenthalben – bei Freunden, Kollegen, Autoren – hieß er Ledig: Selbst seine Frau Jane nannte ihn so, sprach ihn niemals mit Vornamen an. Seinen Bindestrich-Namen benutzte er lediglich zur Unterschrift unter amtlichen Dokumenten oder Verlagsverträgen. Nur einmal ließ er sich widerspruchslos mit «Herr Rowohlt» anreden, in einer buchstäblich dramatischen Situation; es ging um Rolf Hochhuths Drama ‹Der Stellvertreter›. Doch vor der Tragödie wird bekanntlich die Komödie gespielt, manchmal auch – wie in diesem Fall – die Farce.

Ich hegte, und hege immer noch, eine fast irrationale Bewunderung für Marlene Dietrich, ihre Schönheit, fand sie immer smart, androgyn, leicht rätselhaft und mit schlagfertigem politischem Grips ausgestattet.

«Die Deutschen brauchen eben imma een' Fihrer», sagte sie zu Maximilian Schell in dessen Dokumentarfilm. Und nun kommt die zweite Ausnahme, da Ledig sich Rowohlt nannte. Marlene Dietrich gastierte in Hamburg. Ledig spürte, wie ich Dackelaugen bekam. «Na, mein Lieber», tröstete er, «lassen Sie mich mal machen.» Er rief im Hotel Atlantic an: «Mein Name ist Rowohlt, ich möchte mit Miss Dietrich verbunden werden, es geht um eine dringende Verlagsangelegenheit.» Ich saß hoch angespannt neben ihm an unserem Doppeltelefon. Tatsächlich kam die berühmte Stimme durch die Muschel. Sie erinnerte sich vermutlich aus der Zeit der feschen Lola an den Namen Rowohlt. Ledig war die Honigsüße in Person, bat um die Möglichkeit, ihre Memoiren verlegen zu dürfen. «Ich habe hier einen Sie sehr bewundernden Mitarbeiter …» Ob sie den wohl für ein Stündchen empfangen würde, um diesen Plan zu erörtern?

Sie empfing. In der Halle des Hotels den nächsten oder übernächsten Abend stand meine Fee, filmreif in einem eng geschnittenen dunkelbraunen Kostüm mit passendem kleinem Hut. Mit ziemlich weichen Knien schlug ich «einen kleinen Imbiss» vor, gleich hier in einem Restaurant um die Ecke, nur wenige Schritte entfernt. Mir war, als hörte ich ein Chanson, als die Diva ohne weitere Umstände sagte: «Aber nicht zu Fuß, mein Wagen steht vor der Tür.» Wir fuhren also mit Limousine und Chauffeur die ca. 200 Meter zu Lembcke, einem für deftiges deutsches Essen – so informiert war ich immerhin, dass ich wusste, der Star liebte derlei – bekannten Restaurant. Sie behielt zu meiner Verwunderung den Hut auf, trank zügig Korn, der sofort in geeister Flasche serviert wurde, dazu gezapftes Pils, und bestellte hocherfreut Matjes mit viel Zwiebeln und Bratkartoffeln. Wenn einer/eine – dann sie: Die Spielregeln der großen Welt kannte sie genau. Das bedeutete, dass sie mich, und nicht umgekehrt, bat, ein bisschen zu erzählen. Und als ich gehorsam nach dieser rauchigen Pfeife tanzte, aus Ostberlin Ernstes und Anekdotisches erzählte, auch von abgesetzten Filmen, verbotenen Büchern und unser aller feigem Mut, zog Marlene genüsslich an der achtzehnten Zigarette und sagte: «Hattet ihr das nicht schon mal da in Berlin?» Sie war klug, sie war schlau, sie war von überraschend unkonventioneller Nähe – und entfernte sich sekundenschnell, wenn es um Marlene Dietrich ging. Trotz oder wegen «Noch 'n Korn, noch 'n Pils»: Memoiren adieu. Letzte Klappe «Marlene Dietrich und Fritz J. Raddatz, Regie: Heinrich Maria Rowohlt». Die Limousine stand bereit.

Das Drama um den Papst konnte beginnen. Es nahm einen Zickzack-Verlauf, lange vor seiner Premiere. Ledig hatte bestimmte Bereiche, zu denen nur er Zugang hatte. Autoren wie Nabokov oder Céline habe ich erwähnt – eine unausgesprochene Selbstverständlichkeit, dass ich da nichts zu suchen hatte.

Zu diesen Sperrbezirken gehörten auch kommerzielle Sektoren. Der durchaus an Verkauf, Umsatz, Gewinn interessierte Verleger setzte stillschweigend voraus, dass der Verrückte an seiner Seite Bücher wie ‹Morgens um sieben ist die Welt noch in Ordnung› von Eric Malpass trotz oder wegen ihres gigantischen Erfolgs als Schmarrn verachtete. Nie wäre er auf den Gedanken gekommen, mich hinzuzuziehen beim Besuch des spießigen englischen Ehepaars Malpass.

Allerdings: Das Hoheitsgebiet des stachligen Ginsters – Ginster heißt auf Französisch *genet* – wurde redlich geteilt, so dass jedem von uns beiden ein Erlebnis der besonderen Art geschenkt wurde, als Genet aus Frankreich den Verlag besuchte. Ledig hatte sich für das obligatorische Abtauchen in die Reeperbahn-Nacht einen schwarzen Lederanzug mit Reißverschlüssen und blitzenden Ketten angeschafft. Nur ein schwuler Teufel weiß, wo der London-Elegante diese absonderliche Kluft erstanden hatte. Mokant meinte der Pariser Gast: «Sie sehen ja aus wie ein Koffer!» Und als er zu Beginn des Cruising in den dunklen Park zu Füßen des Bismarck-Denkmals drängte, verhielt Ledig den Schritt. «Sie haben wohl Angst vor mir?», fragte das kriminelle Genie, und sein Verleger, die Taschen voller Geld, antwortete: «Die Wahrheit zu sagen: ja.»

War ich anderntags der Cicerone, ging es einfacher. Schon beim Abholen im Hotel Atlantic, wo der Verlag ihn splendid und spendabel untergebracht hatte, lachte Genet: «Nun wohne ich also in Hotels, in denen ich früher eingebrochen bin und gestohlen habe.» Wir fanden eine Ebene der frivolen Konversation. So erzählte er mir, dass er tief in der Nacht, Ledig war «abhandengekommen», einen ölverschmierten «wunderschönen» Matrosen aufgegabelt und für den Mittag sich mit dem gelernten Koch noch einmal verabredet habe. Da sei der aber «piekfein», ganz in Weiß, nach Acqua di Selva duftend aufgetaucht – «und ich wollte den doch dreckig, nach Teer und Kohlenstaub stinkend! Bei so was Feingemachtem kriege ich doch keinen hoch!» Ein König der Unterwelt.

Deshalb auch zwang er mich an einem anderen Tag, als ich ihn aus Reinbek mit meinem Porsche ins Hotel brachte, immer und immer wieder den Hauptbahnhof zu umkreisen, über den er in Begeisterung ausbrach: «Wie herrlich, wie schön, wirklich phantastisch!» Bis ich begriff: Der Magnet war die «Klappe», die Herrentoilette im Bahnhof, Treffpunkt dreckiger Gammler und bekiffter Stricher. Der Porsche wird erwähnt, weil seinetwegen Ledig wie ich einmal für kurze Zeit aus der Gnade fielen. Genets aktueller Liebhaber war ein französischer Rennfahrer. Der inzwischen wohlhabende Autor wollte nun unbedingt einen Porsche, aber einen Porsche-Rennwagen, kaufen und als Geschenk mitbringen. Ich versuchte es über meine Werkstatt, Ledig rief sogar im Werk in Stuttgart an – vergebens. Rennwagen sind nicht zu verkaufen, sie sind für den Straßenverkehr auch gar nicht zugelassen. Der schwule König grollte. Eine lange Widmung für mich in einem seiner Bücher paraphrasiert das – bereits verziehene – Debakel.

Ansonsten gab es durchaus einzuhaltende Privat-Territorien Ledigs. Und in so einer Privatzone des Chefs wohnte auch der «liebe Leo»: Das war Karl Ludwig Leonhardt, Leiter des mächtigen Bertels-mann-Buchclubs. An dieses Unternehmen mit seinen zahllosen Abonnenten eine Lizenz zu verkaufen, gar als «Hauptvorschlagsband» in Hunderttausender-Auf-lage, war pures Gold. Doch der «liebe Leo» wurde plötzlich auch zum etwas illegitimen Erzeuger von Hochhuth, seines Zeichens Lektor beim Verlag Rüt-ten & Loening, Teil des Bertelsmann-Imperiums. Dort hatte Leonhardt versucht, den ‹Stellvertreter› zu publizieren. Das Manuskript war schon gesetzt, der Umschlag angedruckt, da intervenierte der fromme Unternehmer Reinhard Mohn, das «antikatholische Pamphlet» dürfe nicht erscheinen. Der «Erzeuger», also Leonhardt, rief Ledig an, berichtete kurz, aber eindringlich und versprach, die Druckfahnen umge-hend zu schicken. Nun las Ledig freilich so gut wie nie die eingeschickten Arbeiten deutscher Autoren, Stücke schon gar nicht. Also reichte er wie üblich den Fahnensatz an den Theaterverlag weiter. Dieser hatte eine etwas bizarre Konstruktion – er war einerseits Teil des Rowohlt Verlages, andererseits operierte er

Umschlag der bereits gesetzten, dann aber nicht veröffentlichten Ausgabe von Rolf Hochhuths ‹Stellvertreter› im Verlag Rütten & Loening

unter seinem Leiter Klaus Juncker weitgehend auto-
nom sowohl in Bezug auf das Programm als auch, was
die Finanzen betraf. Die Verträge mit den Theatern
kannte Ledig gar nicht, aber er wusste natürlich, dass
die Autoren, die Juncker gewonnen hatte – Shelagh
Delaney, Harold Pinter, John Mortimer, Joe Orton,
auch der junge Václav Havel – ansehnliche Einspiel-
ergebnisse erzielten. Doch keine Regel ohne Ausnahme.

Die Ausnahme bestand darin, dass im selten vor-
kommenden Fall eines deutschen Theaterautors alle
Gutachten mir vorzulegen waren, ganz so, wie es im
Buchverlag gehandhabt wurde. Das war kein Gesetz,
aber Usus: Sämtliche Beurteilungen, ob vom faulen
Rühmkorf, vom temperamentvollen Jürgen Becker,
vom vertrackten Bernt Richter (der später die Manuskripte Robert Havemanns in der Unterhose aus der
DDR herausschmuggelte), gingen an mich, weshalb
ich nun also die vernichtende Expertise über den
‹Stellvertreter› las.

Als ich auch noch von der Intervention Reinhard
Mohns erfuhr, ging ich ins weit hinten im Gebäude
gelegene Büro von Klaus Juncker, wo der Fahnensatz
bereits im Papierkorb beerdigt war. Herausfischen,
über Nacht lesen, folgenden Tags Ledig zur wenn
auch kursorischen Lektüre zwingen: Verlagsgalopp.
Der Hürdenlauf endete mit Ledigs Blitzentscheidung:
«Selbstverständlich drucken wir das, das bringe ich

persönlich auf die Bühne – BB, verbinden Sie mich
mit Piscator in Berlin!»

BB verband aber erst einmal mit einem sehr anderen Herrscher über eine sehr andere Bühne. «Auf der
zweiten Leitung ist Herr Beitz von Krupp für Sie.»
Sofort gab Ledig mir den zweiten, den Mit-Hörer. So
wurde ich Ohrenzeuge eines wohl historischen Tele-
fongesprächs. Beitz erkundigte sich zuerst so gewitzt
wie höflich, ob er mit «Herrn Rowohlt» spreche; dann
wurde es energisch. Ihm lägen Druckfahnen eines
abscheulichen und unzumutbaren Buches vor; woher
er die habe, ob aus der Bertelsmann-Setzerei, aus dem
Verlag Rütten & Loening, mochte er auf Rückfrage
nicht beantworten – es gibt ja überall auf der Welt
kleine «Ich-weiß-was»-Hintermänner. Doch Beitz'
eigene Fragen waren präzise und nicht mehr ganz
so höflich, eher im Ton eines kommandogewohnten
Tycoons. Ob Herr Rowohlt diese Infamie überhaupt
kenne, den Text gelesen habe. Ob er allen Ernstes beab-
sichtige, das zu veröffentlichen. Ledig war von jener
Liebenswürdigkeit, mit der er verzuckerte Rasierklin-
gen hätte servieren können. Ja, er kenne das Stück, ja,
er pflege die Bücher zu lesen, die er verlegen wolle, ja,
er habe auch die Hinweise zu Krupp-Verwicklungen
in Auschwitz nicht übersehen … Das Stück war noch
längst nicht aufgeführt, aber die Dialoge zum Stück
wurden schärfer und verliefen etwa so:

BEITZ: «Aber das Haus Krupp kann eine solche Veröffentlichung nicht dulden.»

LEDIG: «Wie schade für Sie und Ihre bewundernswerte Firma, doch zu ändern ist da eigentlich nichts.»

BEITZ: «Herr Rowohlt, das können Sie nicht verantworten. Dieses skandalöse Buch darf unter keinen Umständen erscheinen.»

LEDIG: «Ach, wissen Sie, hochverehrter Herr Beitz, es ist nun allerdings leider so – was in meinem Verlag erscheint, entscheide allemal ich, nur ich allein, und niemand sonst.»

BEITZ: «Dann werden wir gerichtlich dagegen vorgehen müssen.»

LEDIG: «Tja, danke für Ihren freundlichen Anruf. Wir sehen uns also vor Gericht. Ich freue mich schon auf den Prozess ‹Krupp gegen Rowohlt Verlag›!»

Den Prozess allerdings gab es nie. Dafür die Piscator-Premiere 1963 an der Berliner Freien Volksbühne. Ein internationaler Bestseller war geboren. Die Bühnen vieler Länder rissen sich um die Aufführungsrechte: Zwei Jahre später musste in New York berittene Polizei das Theater der amerikanischen Erstaufführung beschützen, in Italien kämpfte Giangiacomo Feltrinelli in aufwendigen Prozessen das Drama durch, die Buchausgabe wurde ein Sensationserfolg, und Intellektuelle wie Karl Jaspers oder Susan Sontag schrieben verteidigende Interpretationen. Nur die ebenfalls sofort verkauften Filmrechte führten jahrzehntelang nicht zu einer Verfilmung; es hieß, der Vatikan habe sie erworben.

Noch Jahre später schrieb Ledig einen seiner seltenen Autorenbriefe mit der Anrede «Lieber Freund und Lieblingsautor» an Rolf Hochhuth und avisierte ihm ein Blatt von George Grosz, weil er in dem Dramatiker einen «literarischen Verwandten» des aggressiven Zeichners sah: «... wenn ich an Ihre provokanten Stücke wie die ‹Juristen› und ‹Ärztinnen› denke, die Sie dem Verleger zuletzt anvertrauten.» Der über Nacht berühmt und reich gewordene blasse Lektor aus Gütersloh besuchte inzwischen mal Golo Mann am Zürichsee, mal Curd Jürgens in dessen südfranzösischer Fabelvilla und mal Remarque im Tessin; der sagte dem jungen Mann prophetisch: «Von diesem gigantischen Erstlingserfolg werden Sie sich nie mehr erholen; ich weiß, wovon ich rede.»

Der Herr Rowohlt vom weißen Telefon hatte recht behalten. Seinem anarchischen Instinkt, Mächtigen zu trotzen, war ungewöhnlicher Erfolg beschieden. Und er hatte übrigens mit den zwei Halbsätzen zum Herrn Beitz, jenen «Mein Verlag» und «Nur ich allein entscheide», auch recht. Denn mittlerweile hatte er die Hauptanteile am Verlag von seinem Vater geerbt (außer einem Minderheitenanteil für den ungeliebten

Halbbruder Harry), wodurch seine Position innerhalb des Hauses völlig verändert war: nicht mehr die eines *primus inter pares* – nur noch eines *primus*. Und tatsächlich entschied letztlich er «und niemand sonst». Was immer sein Einflüsterer Raddatz vorschlug, manchmal regelrecht verlangte – nicht eine einzige meiner Ideen, Pläne, Autoren-Angeleien hätte ich ohne Ledig durchsetzen können.

Gut möglich, dass mein Papierkorb-Fund ihn großzügig machte mir gegenüber, dass er auch deshalb über meine Fehlentscheidungen, und davon gab es etliche, hinwegsah. So zog er einmal den schmalen Band ‹Einbahnstraße› von Walter Benjamin, eine Rowohlt-Publikation des Jahres 1928, aus jenem «Väterchen»-Regal: «Lesen Sie mal und sagen Sie mir, was Sie meinen – sollen wir das neu auflegen?» In vielem folgte er mir blind. Und als ich nach ein paar Tagen fast unwirsch erklärte, das sei hochstaplerisch gequirltes Theorie-Blabla, war Walter Benjamin für Rowohlt verloren.

Ein nicht ganz so folgenreiches Desaster richtete ich nach dem obligaten «Lesen Sie mal» mit Mary McCarthy an. Ihr deutscher Agent hatte Fahnen des Romans ‹The Group› geschickt. Ich berichtete Ledig nach der Lektüre, das sei nicht mehr als perfekt gemachte amerikanische Unterhaltungsliteratur, ehrgeizig nach Hollywood schielend, also nicht geeignet für uns. Das

Buch wurde dann beim frisch gegründeten Molden Verlag in Wien ein Riesenerfolg unter dem Titel ‹Die Clique›. Doch als ich zu Ledig sagte: «Wäre ich Sie, würde ich mich jetzt entlassen», schmunzelte er nur. «Dazu braucht es etwas mehr.»

Noch …

Vorerst spannte Ledig einen Schutzschirm über seinen Ratgeber. Bald aber wurde ein Casus des «Das entscheide ich» verlagspolitisch ziemlich brisant. Ich wollte Kurt Tucholskys Bildband ‹Deutschland, Deutschland über alles›, den dieser 1929 mit John Heartfield für den sehr linken Neuen Deutschen Verlag montiert hatte, neu auflegen. Das war schon in meiner Volk-und-Welt-Zeit schiefgegangen: Das bereits gedruckte Buch musste damals zurückgezogen werden, weil ein spät wachsam gewordener Zensor auf den Beitrag ‹Der Kriegsschauplatz› aufmerksam geworden war; darin deckt Tucholsky auf, dass illegale Reichswehrtruppen während der Weimarer Republik in der Sowjetunion trainiert wurden. Nun war ich gottlob im Westen, da wurden Bücher nicht zurückgezogen, es gab keine Zensoren im Auftrag des Klassenkampfes. Doch in einem kleinen Teilchen des Westens, Reinbek genannt, gab es jene «alten Kameraden», Offiziere der Hitler-Armee, jetzt Geschäftsführer des Rowohlt Verlages, wie schon berichtet. Und wie ebenfalls bereits berichtet: Ledig war einer der Geschäftsführer, aber – Anteile hin, Anteile her –

Verlagscollage: unten Fritz J. Raddatz, darüber Ledig, auf seinen Schultern der kaufmännische Geschäftsführer Kurt Busch, zu seiner Rechten Vertriebschef Karl Hans Hintermeier, zu seiner Linken Edgar Friedrichsen, Chef der Herstellung

nach wie vor nicht «alleinzeichnungsberechtigt». Alle drei Herren verweigerten ihre Unterschrift unter die beiden Verträge – einen mit Mary Tucholsky für die Texte und einen mit dem unter kärglichen Lebensumständen in Ostberlin lebenden Bildmonteur John Heartfield –; dieses undeutsche, antideutsche Buch dürfe bei Rowohlt nicht erscheinen … So dekretierte der einflussreiche Finanzchef Kurt Busch. Dem galt Ledigs besondere Abneigung. Allzu oft hatte er – «liebes Büschel'chen» – geradezu antichambrieren müssen, um sich etwa einen hohen Vorschuss für Updike «genehmigen» zu lassen. Denn der Cognac-Trinker – schon deshalb hasste Ledig, der Cognac nicht ausstehen konnte, ihn – kostete seine kleine Macht gern aus, reagierte zögerlich auf die verschiedenen Gesuche und ließ manchmal Tage bis zu seiner Zustimmung verstreichen: Er müsse schließlich über die Verlagsfinanzen wachen. Zumeist wurde ich dann an die Cognac-Front geschickt, die einen Vorteil bot: Ein großer Gummibaum stand neben dem Schreibtisch, in den konnte ich heimlich das gelbliche Zeugs in meinem Glas kippen. Anschließend vermochte ich in wohlgesetzten Worten zu erklären, dass meine Freundin Ruth Liepman, die Züricher Literaturagentin, mal wieder hauch-hart geflötet hatte: «Fritz'chen, mach mir mal ein schönes Angebot, Jimmy Baldwin braucht dringend Geld.» Fast immer rückte Fafner die 5000 Dollar dann heraus, seufzend. Erst nach seinem

Tod stellte sich heraus, dass der Geldzähler haushohe Spielschulden hatte.

Ledigs Wut wegen des Widerstands gegen das Tucholsky-Buch kannte keine Grenzen. «Da gibt es eine ganz einfache Lösung», erklärte er ungewohnt schneidend, «ab nächster Woche ist Raddatz Geschäftsführer, von mir ernannt.» Wie ein Junge, dem ein besonderer Streich gelungen war, trompetete der glückliche Elefant in seinem Büro: «Mensch, Raddatz, freie Bahn – jetzt können wir machen, was wir wollen!»

Und das taten wir. Er aber auch. Denn auch der Satz «Was in meinem Verlag NICHT erscheint, bestimme allemal ICH» galt. So hatte ich Mitte der sechziger Jahre den NDR-Redakteur Joachim Fest zu einem Gespräch mit Ledig und mir nach Reinbek eingeladen. Irgendwelche Auguren hatten mir geflüstert, Fest arbeite an einer Hitler-Biographie. Nun hatte ich zwar keinen «Hitler-Tick» wie bei Kennedy oder Marlene, aber ich konnte mir aus der Feder des glänzenden Stilisten eine großartige Interpretation des Un-Wesens dieses Monsters vorstellen. Es wurde ein langer, fast vornehm-höflicher Vormittag. Fest saß auf dem schwarzen Knoll-Sofa und erläuterte spannend seinen Plan. Mit dem verlegerüblichen «Wir denken darüber nach» endete das Gespräch. Kaum war der hochgewachsene Mann aus dem Zimmer, kam ein so entschlossenes wie lapidares «Ich will in meinem Verlag kein Hitler-Buch». Der Ohrenbläser hatte falsch geblasen. Und Ledig hatte offensichtlich vergessen – oder verdrängt? –, dass mit dem Rowohlt-Signet durchaus schon mal ein sehr peinlich-liebedienerisches Hitler-Buch erschienen war, 1933; ein großformatiger Bildband mit einem Führerbild auf dem Umschlag, mit dem Ernst Rowohlt sich wohl dem Verbrecher andienen wollte.

Ledigs wütender Satz «Raddatz ist hier im Hause der einzige, der das Erbe von Ernst Rowohlt wahrt und weiterführt», wenig später in einer Geschäftsführersitzung, bezog sich gewiss nicht auf diese Peinlichkeit.

Aber auf was bezog er sich, um die mehr und mehr gegen mich revoltierenden drei Herren in ihre Schranken zu weisen? Wir bauten emsig an zwei Parallelwelten. Doch anders als in dem beim Mathematikunterricht gelernten Satz «Parallelen treffen sich in der Unendlichkeit», trafen sich diese Parallelen schon in der Reinbeker Realität: Die eine Linie verlief im Verlag, die andere in Jane Ledig-Rowohlts Salon. Im Verlag hatte ich – sehr zu Ledigs Vergnügen – vielerlei Bücher und Autoren ins Programm gehoben, die man wohl generell als gesellschaftskritisch bezeichnen kann: Ulrich Sonnemanns Plädoyer für den zivilen Ungehorsam oder den großen Amerika-kritischen Essay ‹Die Kehrseite der USA› von L. L. Matthias. Ledigs

«Vergnügen» bestand hier aus einem sympathievollen Gewährenlassen; des antibürgerlichen Bürgers anarchischer Impuls hatte stets eher dem Aufbrechen eines erotischen Konservativismus gegolten: zum Beispiel ‹Portnoys Beschwerden› von Philip Roth oder der sexuellen Freibeuter-Emphase von Pierre Klossowski.

Manche dieser Titel hatte er sich von dem Pariser Verleger Maurice Girodias empfehlen lassen, der in seiner Traveller's Companion Series früh schon Nabokovs ‹Lolita› und viele andere den Geist jener Zeit aufrührende Titel herausgebracht hatte. Die englischsprachige kleine Buchreihe richtete sich ganz gezielt an amerikanische Touristen, die solche Bücher in den USA nicht kaufen konnten. Anfangs war Girodias ein vermögender Mann, ja er besaß eine seinem Programm entsprechend schummrige Kellerbar am Ende des Boulevard St. Germain, in die Ledig mit verschmitztem Augenzwinkern auch seinen jungen Adlatus einführte, ihm noch einmal neue Trinkgewohnheiten beibringend. Ledig war Anarch. Nicht Anarchist. Das besagt, dass er ein Aufrührer, Aufbegehrender war (auch gegen den Muff der Ära Adenauer) – aber keineswegs ein irgend disziplinierter politischer Kopf. «Écrasez l'infâme», hätte er durchaus im Hof des Palais Royal rufen können; lieber aber ging er in das dort gelegene Luxusrestaurant Le Grand Véfour, das schon Heinrich Heine frequentiert hatte. Vermutlich kannte der ungebärdige Verleger nicht den klassischen

Spruch von Max Weber, demzufolge ja auch ein Wegweiser nicht selber den Weg entlanggehe, den er weise. Ledig ging überhaupt keine «gewiesenen» Wege. Nur den eigenen. Und sein eigener Wegweiser drehte sich unentwegt und rasch. Deswegen konnte er sich begeistern an der von mir betreuten Taschenbuchreihe rororo aktuell, deren erster Titel ‹Die Alternative oder Brauchen wir eine neue Regierung?› (herausgegeben von Martin Walser, mit Beiträgen von Peter Rühmkorf, Hans Magnus Enzensberger, Günter Grass, Siegfried Lenz u. a.) ein Sensationserfolg wurde – und zugleich mit Jane ganz andere Projekte ausbrüten. Dort, im schmucken Klinkerhaus, fast symbolisch nur einen Steinwurf vom Verlagsgebäude entfernt, verkehrte inzwischen immer häufiger Raimund von Hofmannsthal, der in London lebende Sohn des berühmten Dichters. Der wusste mit wienerischem Schmalz-Charme sehr genau, dass Damen mit Riesenbouquets aus 50 lachsfarbenen Rosen wenn nicht gleich zu gewinnen, so doch zu beeindrucken sind. Indes er beides zu erreichen suchte. Der soignierte Herr war europäischer «Gesandter» von TIME-LIFE, Verlagsgigant Nummer eins zu seiner Zeit; die damals größte Illustrierte der Welt erbrachte Riesensummen. Jane imponierten solche Geldwolkenkratzer, sie war ja, wie sie selber sagte, «very money-minded» – so sehr, dass sie dem unglücklichen Butler-Chauffeur die Preise für ein Bund Petersilie vor- und nachrechnete. Und

TIME-LIFE nun war auf umgekehrte Weise Genets Hauptbahnhof, eine Gold-Fata-Morgana, glitzernd, begehrenswert.

Während wir, Ledig und ich, also im modernistischen Flachbau immer frecher wurden, den Puls der Zeit nicht irgendwo da draußen im Lande pochen ließen, sondern auf die rororo-Rotationsmaschine übertragen wollten, in dieser immer erfolgreicheren, vehement schnell auf den Markt geworfenen Art von Taschenbuchzeitschrift Autoren wie Rudi Dutschke, Günter Amendt, Bahman Nirumand mit seinem Anti-Schah-Pamphlet Stimme gaben, also eine Parallelwelt konstruierten: fand die diamantschimmernde New-York-Scheherazade auf anglo-wienerisch genau gegenüber vor übervollen Rosenvasen und auch nicht direkt leeren Baccarat-Gläsern statt. TIME-LIFE wollte sich am Rowohlt Verlag beteiligen. Das hatte mit seinem Singen der smarte Raimund getan.

Für mich war TIME-LIFE der Inbegriff der Reaktion. Und so tat ich etwas Ungeheuerliches, beging eine Illoyalität sondergleichen; ich flog nach New York, in den Käfig der Löwen. Der war installiert im obersten Stockwerk eines der größten Wolkenkratzer von Manhattan. Dort empfingen mich wohlgebildete Herren, gruppiert um einen mächtigen schwarzen Glastisch. Ein Bild, wie es uns Jahrzehnte später die Serie ‹Mad Men› ins Gedächtnis brannte. Reichlich Alkohol, die Luft blau vom Rauch der Zigaretten. Zu

Fritz J. Raddatz und Ledig vor einem mit Geschenken geschmückten Baum anlässlich von Ledigs 54. Geburtstag 1962, als kurz zuvor ‹Wer die Nachtigall stört› von Harper Lee erschienen war

jener längst vergangenen Zeit waren geschäftliche Besprechungen ohne Whiskey, Gin, Vodka unvorstellbar. Besuchte man etwa den herausragenden Verleger Roger Straus am Union Square, lud er umgehend in einem um die Ecke gelegenen italienischen Restaurant an einen ständig für ihn und seine Gäste reservierten Tisch, auf dem die großen Martinis schon bereitstanden. Wozu man wissen muss, dass ein amerikanischer Martini nichts mit dem italienischen Likör – allenfalls mit einem Spritzer davon – zu tun hat; es ist nahezu purer Gin, der Glasrand mit Zitronensaft befeuchtet. Den amerikanisch-höflichen «mad men» erklärte ich nun ohne Umstände, dass ein Einstieg ihres Konzerns das Rowohlt-Programm auseinandersprengen würde. Unsere Autoren, ob Baldwin, Updike, Susan Sontag oder Arthur Miller (der gar kein Rowohlt-Autor war; reine Flunkerei), würden sofort den Verlag verlassen. Auch das so dumm wie hochstaplerisch. Denn das Selbstverständnis amerikanischer Schriftsteller verläuft in ganz anderen Bahnen; in Wahrheit wäre vermutlich jeder von ihnen glücklich über das Angebot gewesen, in LIFE einen Artikel oder Vorabdruck unterbringen zu können. Klein Fritz'chen pokerte in der großen Welt. Mit einer Karte nicht. «Ich jedenfalls würde den Verlag verlassen.»

Lunch-break. Chablis. Coffee am schwarzen Glastisch. Es waren nun ziemlich kühle Business-Gesichter. Sie hätten verstanden. Und ich müsse umgekehrt verstehen. Ein Konzern wie dieser kaufe nicht nur beim Eigentümer. «We are also buying the man who runs the show. Elsewise we are not buying.» TIME-LIFE kaufte nicht. Sie beteiligten sich an Rowohlts hochmoderner Druckerei in Leck. Das war mir egal.

Ob Ledig von dieser unanständigen Eskapade je gehört hat, habe ich bis zu seinem Tod nicht herausgefunden. Aber einer hatte offenbar davon erfahren: Rudolf Augstein, der stets Überinformierte. Anruf. «Cölln's Austernkeller.» Kein Smalltalk. «Willst du nicht lieber einen eigenen Verlag haben? Ich mache dir einen Vorschlag. Der Claassen Verlag steht zum Verkauf. Ich kaufe den samt der hübschen kleinen Villa in Harvestehude. 51 Prozent der Anteile übernehme ich. Du hast ja kein Geld, nur deinen Kopf; also schenke ich dir die 49 restlichen Prozent, du wirst alleinverantwortlicher Leiter des Verlags.» Er würde sich verpflichten, jährlich ein Betriebskapital von zwei Millionen Mark einzuschießen. In weiteren, sich mehr und mehr verkomplizierenden Verhandlungen war das dann plötzlich nur noch eine halbe Million. In diesem Fall informierte ich Ledig selbstverständlich über die Verführung. Der ich schließlich nicht erlag. «Mein Rowohlt Verlag» war mir näher, lieber, vertrauter. Ledig telegrafierte mir aus New York, wohin ich ihm meine Absage an Augstein durchgegeben hatte, sichtlich erleichtert: «A-hunting we shall go forever and ever or until death us parts.» Sogar Jane schrieb kurz darauf aus dem Hotel Castello auf Korfu einen enthusiastischen Gratulationsbrief zu der «sehr intelligenten Entscheidung», zumal «Augstein kein fairer Mann ist».

Zurück in Hamburg, prägte Ledig seine Freude in bare Münze: «Es ist Zeit, dass Sie Teilhaber werden. Ich werde Ihnen demnächst acht Prozent meiner Anteile übertragen.»

Demnächst kam nie. Das hatte Gründe. Viele ineinanderlaufend-widersprüchliche. Nicht unabsichtlich habe ich eben Anführungszeichen bei «mein Rowohlt Verlag» gesetzt.

Ledig war ja eine höchst uneinheitliche Persönlichkeit. So konnte er fürsorglich spätnachts nach langem Champagner-Abend in die Bar vom Hotel Vier Jahreszeiten zurückfahren, weil mir dort, scheinbar unauffindbar, der berüchtigte «golden Dunhill lighter» in die Sesselkissen gerutscht war; der lag dann nächsten Tags wie zufällig auf meinem Platz an seinem Schreibtisch. So konnte er aber auch empfindlich gekränkt mich korrigieren, als ich bei einem Diner im Hause Gallimard vollmundig zum Gastgeber von meiner «nouvelle série» sprach: «Hätten Sie nicht wenigstens ‹unsere› neue Reihe sagen können?» Recht hatte er. Gab es ein «Vorleben»? Den Beginn einer Erosion unserer Ehe, in der zwar ein Seitensprung vergeben, aber nicht vergessen wurde? Ich habe in meiner Dauer-Euphorie nichts davon bemerkt, bin nicht im Entferntesten auf den Gedanken «Eifersucht» gekommen. Er war schließlich der Chef, der Inhaber, ihm gehörte doch der Rowohlt Verlag.

Nicht selten jedoch stieß mich die zunehmende Trinkerei – oft Abend für Abend – ab. Unveröffentlichte Briefe von mir an meine «Ziehmutter» Mary Tucholsky geben Zeugnis davon, wie sehr ich den Mann verehrte – und gleichzeitig in einer Mischung aus Zorn und Mitleid mich benutzt fühlte; er kam immer später, inzwischen erst gegen 15 Uhr in den Verlag, unter dem Arm einen Riesenstapel durchgelesener, meist internationaler Zeitungen und Zeitschriften. Nach dem obligaten Ruf «Raddatz soll kommen» knallte er die vor mich hin – Anstriche, Ausrisse, Eselsohren: Raddatz sollte nicht nur kommen, sondern auch all dem nachgehen, was er angestrichen und ausgerissen hatte: mit Agenten telefonieren, unseren Auslandsbüros Telegramme schicken, Bücher zur Probelektüre aus Paris, London, New York bestellen (und möglichst alle sofort lesen). Ledig war kein Alkoholiker; sein Trinken war auch Spiel, ein Schwimmen in der Gewissheit, das komplizierte Schiff werde schon gesteuert. Der Steuermann war ja an Bord.

Doch während des Spiels war er wach genug, misstrauisch den Käpt'n auf der Brücke zu beobachten. Tatsächlich hatte er ja eine große elektrische Eisenbahn in seinem Büro, und während ich verzweifelt versuchte, irgendeinen vertrackten Vorgang zu erläutern, hörte er oft gar nicht hin; ich bekam bestenfalls ein «Ja, machen Sie nur, mein Guter, schreiben Sie dem Mann – na, Sie wissen schon, was …». Damit saß ich dann bis tief in die Nacht an meinem etwas kleineren Schreibtisch. «Jetzt ist aber Schluss», der rührende Chauffeur holte mich heraus aus meinem Schacht, und mit frivol-gutmütiger langer Ledig-Erfahrung fragte er: «Holen wir die hübsche junge Dame noch ab?», um auf mein mattes «Es ist ja schon sehr spät» wie eine Figur aus dem ‹Schwejk› zu antworten: «Dazu ist es nie zu spät.»

Zwischen Ledig und mir war es auch noch nicht zu spät. Aber vielleicht zog eine Dämmerung herauf. In meinem Furor bemerkte ich die haarfeinen Risse nicht. Weil Ledig zwar keineswegs ein Kasper war, aber in der Öffentlichkeit allzu oft den Kasper gab, wurde er – etwa bei Interviews – nicht mehr ernst genommen, egal, ob Funk oder das schon recht professionelle Fernsehen das «Ton ab»-Kommando gab. Für Ledig waren Journalisten ohnehin keine sehr interessanten Leute. «Die stochern hinterher in dem rum, was wir entdeckt und gemacht haben» – ungefähr nach dieser Spielregel hielt er sich «diese Leute» vom Leibe. Es kam eine Zeit, da legten die Reporter gar kein Tonband mehr ein: «Der beginnt immer mit ‹Also, ich war ja ein uneheliches Kind›, und bis wir beim diesjährigen Herbstprogramm sind, haben wir zwanzig Minuten verschwendet. Wir brauchen aber nur 4,3.»

hn Updike, Fritz J. Raddatz, Inge Feltrinelli und Ledig Mitte der
:htziger Jahre in Lavigny

Doch Ledig, auch das ein eigenartiges Phänomen, war sogar betrunken meist hellwach. Also konnte er zwar mit der Eisenbahn im Knoll-Büro spielen oder auf dem Schaukelpferd wippen, das neben seinem Schreibtisch aufgebaut war, aber zugleich genau wahrnehmen, dass Raddatz nebenan in seiner Kemenate die «4,3» absolvierte. Er war stolz darauf. Es war zugleich ein gekränkter Stolz.

Und ich Gockel spürte das nicht. Unser Vertrauen war ja über die Jahre so wild, so bunt aufgeschossen. Allein die wilde, bunte Üppigkeit der Wiener Nächte hatten wir fast immer gemeinsam und genussvoll durchstanden. Da hatte ich recht jäh die junge österreichische Literatur entdeckt, Ossi Wiener, Elfriede Jelinek, H. C. Artmann, den von Ledig ein wenig über die Grenzen des Zulässigen geliebten Konrad Bayer. Mit der ihm eigenen literaturhungrigen Großzügigkeit ließ er mich deren Bücher ins Programm hieven, saß auch selber hochvergnügt, ein farbiges, rauchendes, trinkendes Denkmal, im Café Havelka, bewundert (und ausgenommen) vom Völk'chen dieser letzten europäischen Boheme, laut und ernst zugleich. Sie mokierten sich gern über die piefigen «Piefkes», wie in Wien die Preußen heißen. Einmal, als die ganze Horde bei mir in Hamburg zu Gast war, warfen sie sich, quer durch die Wohnung, in hohem Bogen meine Picasso-Keramiken zu und schrien: «Seht euch mal diesen Kitsch an!» – und schmissen so ausgelassen

und schwungvoll, dass dem Besitzer das Herz still-
zustehen drohte. Das Herz blieb ihnen jedoch keineswegs stehen, als der wohl Begabteste von ihnen, Konrad Bayer, sich das Leben genommen hatte. Vielmehr
ging die ganze Corona, Ledig immer dabei, in den
Prater und schoss Papierblumen.

Man darf es vielleicht gar Abhängigkeit nennen,
womit dieser Letternsüchtige das Gespräch mit mir
suchte. War ich auf Sylt, wo ich in einem winzigen
gemieteten Häus'chen ohne Telefon wohnte, erreich-
ten mich Telegramme, oft drei, vier, fünf am Tage (der
Telegrammbote kam manchmal mit Trauermiene:
«Heute nur *ein* Telegramm»), und ich flitzte mit der
Hosentasche voll Kleingeld zum «Münzfernsprecher»
ins Zentrum von Kampen. Es waren jedoch nicht
selten Kleinigkeiten, Alltäglichkeiten, Fragen ohne
weitreichende Folgen, die der mächtige Verleger unbedingt und sofort mit mir besprechen wollte. Ich war
gerade im Aufbruch zu den sündigen Dünen – aber
Worte wie «Was meinen Sie, Raddatz, sollten wir da
nicht …» retteten meine Unschuld.

Abhängigkeit ist ganz gewiss ein zu großes, auch
zu großspuriges Wort; denn «abhängig» war der Chef
dieses damals größten deutschen Verlages von niemandem. Er war allein. Niemand in dem vielflurigen
weißen Haus auf der Reinbeker Wiese war ein Vertrauter, niemandem vertraute er. Nur seinem «Rad-

Mit BB im Reinbeker Büro

datz soll kommen». Doch ob die innere Disposition vielleicht im Unterbewusstsein auch ein Revoltieren erzeugt haben mag? Ich bin kein Psychologe, und dies ist eine Erzählung, keine psychologische Studie. Doch Ledigs Charakter war vertrackt. Er war ein Vielfaches. Wie das Meer eben noch gischtet, gleichsam freudvoll hohe weiße Wellenkämme spendiert, um Sekunden später in gefährlichem Sog den Schwimmer hinauszuziehen, so kann, so konnte Ledigs Seele umkippen in Verhärtung, vollgesogen mit Misstrauen, Bösartigkeit sogar. Selbst seine ihm zutiefst ergebene Sekretärin BB strafte er ohne erkennbaren Grund durch Nichtachtung ab. Als etwa – große Stunde für den Verlag – John Dos Passos und Erskine Caldwell gemeinsam das Haus besuchten, BB war vorher beim Frisör gewesen und hatte sich «fein gemacht», ging er mit den Gästen an ihr im Vorzimmer vorbei wie an einem Möbelstück, wortlos wortreich mit den zwei Weltautoren plaudernd. Mir tat die Frau derart leid, dass ich sie einfach mit in sein Zimmer holte: «Dies ist Mr. Ledigs linke und rechte Hand, ein anatomisches Wunder, sie ist nämlich auch noch seine mittlere Hand.» Die Amerikaner goutierten den Witz und die Galanterie. Ledig nicht. Er tat, als hätte er nicht gehört. Knapp, dass ich noch zu dem anschließenden Diner gegenüber bei Jane mitgenommen wurde.

So umschäumten auch mich die so herrlich lachenden Wellen. Dass sie den Sand unter mir wegzuspülen drohten, spürte ich nicht; ich durchschwamm ja die Brandung. Jene rororo-aktuell-Reihe, inzwischen von mir namentlich als Herausgeber autorisiert, wurde von Bänd'chen zu Bänd'chen erfolgreicher; oft konnte nicht so schnell nachgedruckt und geliefert werden, wie die rebellierenden Studenten sie für Demonstrationen, Sit-ins, Diskussionsrunden in den von ihnen gesprengten Seminaren haben wollten. Eine Gesellschaft war im Umbruch, rasant, aber – noch – nicht gewalttätig. Gewalt allerdings brach in Paris aus. Ein bis dato völlig unbekannter Student, Daniel Cohn-Bendit, hatte die Hauptstadt mit Tausenden seiner Anhänger in Brand gesteckt. «Paris brûle-t-il?» titelten die Zeitungen. Die Feuersbrunst vertrieb gar Präsident de Gaulle, der kurzfristig in eine Garnison der ehemaligen französischen Besatzungszone in Deutschland floh. Eines Morgens im Sommer 1968 stürmte Ledig – dem ganz offenbar der poetische, wenngleich sinnlose Slogan «L'imagination au pouvoir» großen Eindruck gemacht hatte – in mein Zimmer, ein haarflatternder Monarch, ein entzündeter Desmoulins: «Raddatz, wenn Sie das auch noch schaffen, diesen Cohn-Bendit für Ihre aktuell-Reihe zu gewinnen, dann gehört Ihnen der Verlag.»

Demnächst, demnächst …

Dem künftigen Inhaber gelang auch das. Ich spürte den inzwischen in Deutschland umherirrenden Dany le Rouge auf, beredete ihn zwei Nächte lang,

überredete ihn zu einem Buchmanuskript, bot ihm
50 000 Mark, ohne «Büschel'chen» gefragt zu haben,
aber nach einem telefonischen «Einverstanden» von
Marat-Desmoulins. Cohn-Bendit wurde unter meinem Namen in Süddeutschland versteckt. Rief ich in
dem kleinen Hotel an, hieß es: «Hier ist Dr. Raddatz
vom Rowohlt Verlag in Hamburg. Ich möchte bitte
Herrn Dr. Raddatz sprechen.»

Das Unheil nahm seinen Lauf. In verqueren Bahnen. Dass Rowohlt die Weltrechte an einem Buch des
Revolutionshelden von Paris erworben hatte, verbreitete sich in Windeseile. Mit derselben Geschwindigkeit schlossen wir ca. 15 Auslandsverträge für horrende
Vorschusszahlungen ab. Zugleich verbreitete sich mit
derselben Geschwindigkeit Empörung über den links-
extremen Frevel des schließlich bürgerlichen Verlages.
Es gab einen dubiosen Herumwimmler im internationalen Verlagswesen, niemand wusste genau, was der
Mann in New York eigentlich beruflich tat, er hatte
keinen Verlag, keine literarische Agentur, beriet keine
Autoren – aber alle kannten Felix Guggenheim. Wie
unter dem Bauch des Wals kleine Fisch'chen sich tum-
meln, so tauchte – Figaro hier, Figaro da – Mr. Guggenheim immer irgendwo auf, wusste Klatsch, intri-
gierte ein bisschen, gab unerbetene Ratschläge. Einen
davon gab er Ledig in einem vor Empörung flammen-
den Brief: Er habe gehört, alle sprächen darüber …
wie könne der Chef eines so renommierten Verlages

nur diesen Anarchisten-Bubi, noch dazu mit einem horrenden Vorschuss, unter Vertrag nehmen? Ledig, der den Wichtigtuer gelegentlich mit gelangweilter Geduld empfangen hatte, Ledig, dem Arroganz vollständig fremd war, wischte die Intervention beiseite, als pustete er sich die Asche seiner Montecristo vom Revers. «Schreiben Sie dem Mann, Raddatz.» Das tat ich, *suaviter in modo, fortiter in re*, und antwortete in «Meister Ledigs» Namen mit einem ausführlichen Brief; auf den erhielt ich eine kurze, per «mein Freund Heinz», wie Ledig auch genannt wurde, argumentierende Antwort. Und in einem hatte Guggenheim recht: Er meinte, Ledig habe sich nicht aus «politischer Überzeugung engagiert, sondern aus einer ihm selbst oft genug unheimlichen Stimmung heraus». Das war sehr klarsichtig. Ledig war viele Ledigs. Er applaudierte des Öfteren mit hinter dem Rücken verschränkten Händen, teilnahmslos. Ich erinnere mich sehr genau an zwei Szenen, die das erhellten. Die eine: Der hellwache, die zeitgenössische Kunstwelt mit Interesse und Leidenschaft beobachtende Lektor Jürgen Becker hatte uns alle zu einem *happening* überredet, damals – außer bei Eingeweihten – ein Fremdwort. So wurde in der großen Eingangshalle des Reinbeker Hauses etwa ein Eisschrank aufgestellt, in den Wolf Vostell eine Stunde lang Nägel hineinschippte. An einer Wand hing ein großes graues Bild, das einer Fotografie ähnelte, neben mir stand ein junger, weithin unbe-

Mit Jane Ledig-Rowohlt im Reinbeker Haus, 1964

kannter Maler namens Gerhard Richter. Für meine Augen ein Coup de Foudre, ich fragte den verlegenen Künstler, ob ich es kaufen dürfe – und erwarb es für 300 Mark. Ledig beobachtete alles in seiner gelassenen Bonhomie, konnte deutlich mit dem ganzen Klimbim überhaupt nichts anfangen und fragte mich verständnislos, ob ich «das da» allen Ernstes gekauft hätte.

Er war kein Augenmensch, er war ein Bücherperlentaucher, seine Ganglien, seine Nerven gerieten bei Buchstaben in Schwingung. Nie habe ich ihn in einem Museum gesehen, so wenig wie in der Oper, im Theater nur, wenn Gründgens das Stück eines Rowohlt-Autors auf die Bühne brachte. In seinem Büro hing ein höchst mittelmäßiges, lila-monochromes Bild von Winfred Gaul – er hatte es erworben aus lässig-freundlicher Geste gegenüber Renate Gerhardt, die mit dem Nachäffer liiert war. Die aparte Frau Gerhardt, eine so hochgebildete wie leicht somnambule Person, besaß einen kleinen luziden Verlag, in dem sie unverkäufliche, kostbar gestaltete Bände von Max Ernst oder Beardsley herausgab. In seiner paternalistischen Großzügigkeit hatte Ledig die Dame, den winzigen Verlag und, von ihr dazu beschwatzt, das Bild unter seine Fittiche genommen; er würdigte es kaum eines Blickes. Einmal wollte ich ihn zwar nicht beschwatzen, aber Jane und ihm mit Rat behilflich sein. Jane hatte irgendetwas im Haus verändert und fragte, ob ich für den beabsichtigten Kauf eines Bildes eine Idee hätte;

sie war ja vermögend, die zweimalige Scheidung vom Porzellan-Industriellen Philip Rosenthal hatte sie reich gemacht; später hinterließ sie 30 Millionen Pfund. So dachte ich mir, mein Freund Paul Wunderlich wäre bestimmt erfreut über ein «Zubrot». Diner in seiner Wohnung, Janes etwas seltsames Kompliment, man spüre hier Orgien, Vorführung von drei großformatigen Ölgemälden, ratloses Schweigen. Jane: «Beautiful. But they are not matching.» Wunderlich: «Matching with what?» Jane: «My curtains. My curtains are pink – and there is no pink colour in the paintings.»

Mein Beispiel Nummer zwei ist zwar auch bizarr, zugleich aber folgenreicher. Es hört noch einmal auf den Namen Cohn-Bendit. Auch Schlawiner wie der Briefschreiber aus New York können Dinge richtig sehen. Er hatte «Freund Heinz» den Puls gemessen, und der ging nicht regelmäßig, er setzte gelegentlich aus. Ledig war wie mit geschwollenem Kamm stolz auf diesen Scoop. Der neue Rowohlt-Autor, nicht nur Polit-Star, sondern auch *enfant terrible* und Fraueneroberer, war sein Gast auf der Frankfurter Buchmesse. In Jimmys Bar im Hotel Hessischer Hof hielt Ledig regelmäßig Hof bis tief in die Nacht, und wer immer dazustieß – etwa Joseph Caspar Witsch –, war sein Gast. Der lockige Rotschopf mit den blauen Augen, Dany le Rouge, faszinierte die Damen. Wilde Tänze legte er aufs Parkett der kleinen Bar – mit Jane, mit Inge Feltrinelli, mit Gabriele Henkel (die deswegen großen Ärger im Konzern bekam). Aber unter Ledigs stolzgeschwollenem Kamm nistete ein kleines Krebsgeschwür, eine Zweifels-Metastase. Er war ein Mann, der sich viel traute, doch sich selber nicht ganz. Selbstsicher gewiss. Aber besaß er auch ein wohl balanciertes Selbstbewusstsein? So manche seiner zum Teil lächerlichen Exaltiertheiten lassen das bezweifeln: die Purzelbäume mit brennender Zigarre im Mund, das Abbeißen von Sektglasrändern – war das nicht eine aus Unsicherheit geborene Schaumschlägerei, ein im tiefsten Inneren hilfloses «Seht her auf mich»? Er konnte sehr überlegen zeigen, wer er war. Als Rudolf Augstein Jane bat, für sein Liebesnest am Leinpfad Antiquitäten und Dekor zu besorgen – er hatte ja selber keinen Geschmack –, nahm «Lady Jane», wie wir sie nannten, diesen Auftrag liebend gerne an. «German Publisher's Wife buys Antiques by the dozen», titelten Londoner Zeitungen. Eines Tages rief Augstein in Reinbek an, klagend, dass Jane «Geld wie Heu» ausgegeben habe, enorme, viel höhere Summen als vereinbart. Recht kurz sagte Ledig: «Schick mir die Rechnungen, werden sofort beglichen» – so sprach der Hüter eines fünfzigjährigen Erbes zum Parvenu.

Doch in jenen Nächten in Jimmy's Bar saß er wie ausgeliehen in seiner Spendier-Ecke, abwesend, wenn nicht gar abweisend. Die seltsame Mixtur der Zeit schmeckte ihm tatsächlich nicht. Deren Rezept war: «Wir sind gegen diese ganze Revolte – aber die sexy jungen Revolutionäre finden wir halt doch recht attraktiv.» Selbst Golo Mann, Gast eines anderen Schummerlicht-Abends, konnte sich einmal nicht losreißen von dem hübschen schwulen Günter Amendt in betont knapp sitzenden Jeans. Golo Mann! Der die 68er hasste wie halbe Verbrecher, die eine Hölle anheizten. Aber wenn Beelzebub so schöne lange Locken und so ausgeprägte Manneszier vorführte …

Ich war pfauenhaft eitel, dumm genug, um nicht zu spüren, dass in Ledigs Seele ein anderes Feuer zu knistern begann: Selbstzweifel, Zweifel an mir. Von einem gewissen Moment an muss Ledig sich von mir überwältigt gefühlt haben. Dafür hatte ich überhaupt kein Gespür. Rowohlt und ich, ich und Rowohlt: Das war für mich eine vollkommene Einheit, etwas Zusammengeschmolzenes, ein Amalgam. Dass der eine Besitzer war und der andere sein Angestellter – so dachte ich nicht. In meinem liebevollen, auch bewundernd dankbaren Respekt war es mir eine Selbstverständlichkeit: Er ist der Boss. Aber ich sah kein Oben-Unten. Was immer ich tat, mal stürmisch-unüberlegt, mal sehr genau literarischen Gewinn anpeilend, mal sogar Erfolge ins Haus holend – ich sah es nicht als Job, gar den eines Apportierenden. Kein Ideenlieferant, sondern Teil der Idee Rowohlt. Als wäre ich Ledig gleichberechtigt. *Werch ein Illtum* – schrieb der herrliche Ernst Jandl zu derlei Blödheit.

Ein anderes Begebnis zeigt das wie im Brennglas. Zu jener Zeit war ich befreundet mit Gabriele Henkel. Wir waren viel zusammen zu sehen – Bayreuth, Salzburg, in Peter Steins Schaubühne. Wir besuchten gemeinsam Peter Huchel oder Heinrich Böll. Wir reisten zusammen; Paris, Gardasee, New York. Wir fuhren à deux zum Skilaufen; in Zürs taufte Hubert Burda die Blondmähnige und den Kerl mit dem schwarzen Bart «Rasputin und Löwenhaupt»; wenn es spät wurde in der Hotel-Bar, sangen seine Kumpane «Wenn bei Capri die Rote Flotte im Meer versinkt». Frau Henkel war nicht nur Deutschlands berühmteste Gastgeberin in ihren Düsseldorfer Häusern, mit Phantasie und der ihr eigenen Grandezza richtete sie mir auch zwei Feste in meiner Wohnung in Hamburg aus. Da standen dann große Henkel-Limousinen den halben Leinpfad entlang, mächtige Platten und Schüsseln voller exquisiter Köstlichkeiten wurden in meine Junggesellenwohnung geschleppt. «Und wo sind hier die Räume?», fragte ratlos der mitgelieferte Küchenchef angesichts der überfüllten Bibliothek, des von überall herumliegenden Büchern und Zeitungen eroberten Wohnzimmers und des viel zu kleinen Esszimmers. Er wie andere Bedienstete trugen zu meinem Entsetzen kleine Henkel-Schilder an ihren weißen Jacken. Schnell wie immer riss Gabriele Henkel Blumen aus der Tischdekoration und steckte sie über die Schilder, um sie zu verdecken.

Es waren schöne, temperamentvolle, auch etwas wilde Durcheinander-Abende. Peter Chotjewitz badete nackt mit einer weißen Lilie in meiner Wanne, Rudolf Hausner wurde mit einer jungen Schönen in meinem Bett gefunden, Bazon Brock machte Kopfstand vor den Dessertschalen, Martin Walser erschien mit einem hübschen Knaben, Ernst Bloch donnerte wie von einem Katheder herab zu Rudolf Augstein: «Haben Sie das aus grond-säätzlichen Erwägungen getan?», und Ledig mit seiner wundersam anzuschauenden Königin der Nacht schien alles zu genießen. Schien …

Denn nach dem zweiten dieser Abende zischte er dem verblüfften Gastgeber ins Ohr: «Dann kommt es jetzt also darauf an, wer die besseren Partys gibt.» Eine seiner ganz unwürdige Tückischkeit. Für mich waren es Rowohlt-Abende, Rowohlt-Gäste gewesen, und tatsächlich wären ja auch all die Dönhoffs und Liebermanns und Gaus'ens nicht zum «privaten» Herrn Raddatz gekommen. Wieder die falsche Idee, Figur und Firma könnten identisch sein. Zum ersten Mal knisterte es bei mir. Doch ich trat das kleine Flämmchen rasch aus. Zumal die Zusammenarbeit mit Ledig so vertraut wie längstens weiterging. «A-hunting we shall go forever and ever or until death us parts»: Die Worte des Telegramms von einst hatte ich für absolut genommen.

Telegramm vom 11. Mai 1967

```
411P EDT MAY 11 67 SYB364 BC422
B CDE810 VIA RCA ZCZC WUT0801 GXL607 D4034H524
URNX CO DPFX 037
REINBEK 37 11 1800
DR FRITZ RADDATZ C/O PROFESSOR GERHARD LOOSE
LOOSE UNIVERSITY ROCHESTER         Morey Hall
ROCHESTER/NEWYORKSTATE/14627
THANKS YOUR LETTER . YOUR POINT OF VIEW CONSIDERED AS
REASONABLE AND AHUNTING WE SHALL GO FOR EVER AND EVER OR UNTIL
DEATH US PARTS
     THE BOSS
COL 14627
```

Doch Blitze, so will es das Sprichwort, kommen manchmal aus heiterem Himmel. Der Blitz war in diesem Fall, wie kann es anders sein, ein ganz kleines Buch. Mein Büro war inzwischen ziemlich angeschwollen mit zwei Sekretärinnen, einer Chefsekretärin und einem Assistenten namens Nico Neumann – ein pfiffig-wendiger, sehr linker Bursche, der zuvor eines der zahllosen revoluzzernden Flugblätter in Berlin verantwortet hatte; er war allerdings, wie sich herausstellte, auch «link» im anderen Sinne des Wortes. Eines Sommertags des Jahres 1968 kam er wie ein Racheengel in mein Zimmer gestürmt und legte mir ein grünes Büchlein auf den Schreibtisch: Jewgenija Ginsburgs ‹Marschroute eines Lebens› waren mit die ersten Gulag-Memoiren, die wir verlegt hatten, doch nicht in diesem sonderbaren Format. «Kennen Sie das?», verhörte mich geradezu mein Mitarbeiter. Wahrheitsgemäß verneinte ich.

Wahrheit indes ist nicht immer linear. Dieses Büchlein, so Assistent Neumann, hätten ihm Bekannte aus der DDR zugeschickt, es sei per Ballon vom BRD-Verteidigungsministerium dort abgeworfen worden mit einer eingedruckten Aufforderung zur Mitarbeit bei westlichen Geheimdiensten. Tatsächlich war kurz zuvor Vertriebschef Hintermeier zu mir gekommen (Ledig war im südlichen Urlaub), um von dem lukrativen Großauftrag «einer Bonner Dienststelle» zu berichten und meine Genehmigung einzuholen, so

JEWGENIJA SEMJONOWNA GINSBURG

MARSCHROUTE EINES LEBENS

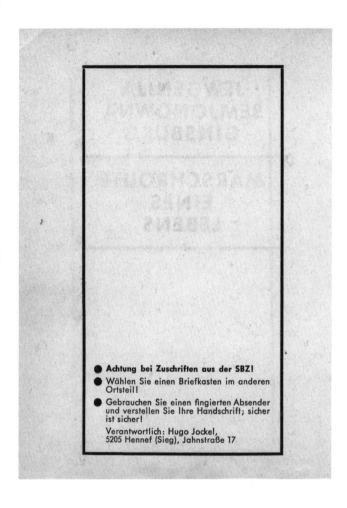

Sonderausgabe von Jewgenija Ginsburgs ‹Marschroute eines Lebens› für das Bundesverteidigungsministerium

einen Vertrag abschließen zu dürfen. Nun waren das keine Sonderfälle, fast alle größeren Verlage lieferten beispielsweise an die Bundeswehr für deren Bibliotheken per höchst angenehmem Großauftrag. So verstand ich auch den Vertriebschef und gab ohne Zögern meine Zustimmung. Was ich nicht wusste, war: dass es sich bei der «Bonner Dienststelle» um das Verteidigungsministerium handelte, das tatsächlich nicht unser Buch, sondern einen auf Mao-Bibel verkleinerten Sonderdruck, in grünen Kunststoff gebunden und in Frischhaltebeuteln wasserdicht verpackt, per Raketen oder, bei aus Westen kommenden Winden, per Ballon über DDR-Gebiet abwerfen ließ; ganz zu schweigen von der eingefügten subversiven Aufforderung. Dass die 50 000 Büchlein auch noch in der eigenen Druckerei hergestellt worden waren, ist nur eine Nebenpointe dieses Horror-Szenarios.

Denn das wurde es. Da ich hier jedoch keine Chronik des Rowohlt Verlags verfasse, auch keine *chronique scandaleuse* jener chaotischen Wochen, die in vielen Dokumentationen und Zeitungsberichten detailliert geschildert worden sind, fasse ich mich per Zoom kurz. Die Folge war: Die Verlagsarbeit stand still. Eine Sitzung jagte die andere. Die Telefonleitungen zum urlaubenden Verleger liefen heiß. Als er zurückgekehrt war, fand die entscheidende Geschäftsführerbesprechung statt, in der Ledig klipp und klar erklärte, er fühle sich von Herrn Hintermeier hintergangen und Raddatz sei ebenfalls hintergangen worden. Der Vertriebsleiter habe vielleicht nicht gelogen, aber er habe auch nicht die volle Wahrheit gesagt. Hier fiel das böse Wort des erfolgreichen Verkaufschefs, dem der Verlag viel zu verdanken hatte wegen des Aufbaus eines perfekten Vertriebsapparats: Nun sei ja klar, dass Raddatz ein Ost-Spion sei. Einer seiner Kollegen assistierte: «Bevor Raddatz kam, war Ruhe im Verlag.» Offenbar oberstes Gebot für einen literarischen Verlag. Ledig erwiderte lautstark, Raddatz habe sein volles Vertrauen. Man weiß heutzutage aus der Politik, wie gefährlich solche Bekundungen sind – meist wird der so belobigte Minister kurz darauf entlassen. Und Ledig setzte noch einen drauf: Hintermeier habe «eine Sauerei» begangen. Explosive Unruhe innen, Unruhe auch von außen. Selbst keineswegs «linke» Autoren wie Ossi Wiener und Gerhard Rühm protestierten, Lektoren revoltierten, alles nahm Züge eines billigen Krimis an mit Denunziationen eines Taxifahrers (der betrunkenes Gerede von Autor Piwitt und dem Sartre-Übersetzer Traugott König mit angehört haben wollte, der Verlag müsse enteignet werden), mit nächtlichen Zusammenkünften in meiner Wohnung, mit Entlassungen, Kündigungen, offenen Briefen, geheimen Telefonanrufen bei Journalisten. Ein schlechtes Stück, wie es damals auch beim SPIEGEL und besonders dramatisch bei Suhrkamp gespielt wurde. Alle wussten, was sie nicht wollten. Keiner wusste, was er wollte.

Und ich? Was wollte ich? Ich spielte eine reichlich dubiose Doppelrolle. Lektoren wie Autoren vertrauten mir als dem einzigen Linken im Verlag, dessen Geschäftsführer ich war. Ich wollte den Verlag erhalten, keineswegs Ledig «entmachten», wollte zugleich eine klare, eindeutige Bereinigung der ekelhaften «Ballon»-Affäre, wollte ein Haus, das sich und seiner Tradition treu bliebe. Georg Lukács hat so etwas einmal den «hölzernen Eisenring» genannt. «Wir müssen uns wohl von Hintermeier trennen – und dann machen wir beide weiter wie bisher», fasste Ledig schließlich zusammen. Ende des Zooms.

Aber Beginn der eigentlichen Erzählung von den beiden Menschen, ihrer so wundervoll-vertrackten Beziehung. Ledig und ich: Wir waren ineinander verklammert, sind aneinander fast erstickt und haben einander zum späten Ende hin doch noch einmal umarmt. Vorerst schien das Erdbeben vorbei. Doch der Schein trog. Tief innen hatte Ledig das Vertrauen zu mir verloren; das zeigte er in diesem Augenblick nicht, vielleicht war es ihm in letzter Konsequenz nicht einmal selber klar. Eigentlich hatte ich die ganze Zeit – wir wechselten das stets ab – in Urlaub fahren wollen, nach Spanien zu einem frisch gekürten Latin Lover. «Ist jetzt wirklich alles vorbei? Geht es mit uns beiden ‹weiter wie bisher›», fragte ich, «kann ich jetzt unbesorgt in den Urlaub fahren?» – «Ohne Sorge, mein Lieber, alles ist vorbei, fahren Sie nach Spanien, erholen Sie sich von dem Schlamassel.»

Im Marbella-Hilton erreichte mich im Sommer 1969 das Kündigungstelegramm. Kündigung per Telegramm? Auch das war Ledig. Das muss man können. Liest man das Telegramm genau, wirkt es allerdings, als habe ihm das jemand diktiert. Was inzwischen in Reinbek vorgefallen war – ob im Verlag, ob im Hause von Jane –, habe ich mein Lebtag nicht herausgefunden. Umgehend nach Hamburg zurückgeflogen, fand ich einen zerbrochenen Ledig vor, in der feinen Samtschatulle weinend über den Tisch gefallen, eines ernsthaften Gesprächs, einer vernünftigen Erklärung unfähig. Zu dem wie immer sorgfältig analysierenden Dieter E. Zimmer – der den Satz in seinem ZEIT-Bericht zitierte – hatte er noch gesagt: «König Lear, inszeniert von Beckett.»

Ein Zipfel'chen der Wahrheit über die Zerrüttung gibt sein langer handschriftlicher Abschiedsbrief an mich vom Dezember 1969 preis, ein herzzerreißendes Dokument zersplissener Nähe. Da heißt es, er habe von einer Versöhnungsgeste «offen gestanden abgesehen, als ich von Ihrer Verabredung mit meinem Bruder Harry erfuhr, deren Bedeutung ich mir nicht recht zu erklären vermochte, nachdem Sie ja früher so gar keinen Kontakt mit ihm hatten». Die emphatische Abneigung, sein tiefes Misstrauen gegen den Halbbruder, war das der Axthieb, der unsere Wurzeln kappte?

Mit Georg von Holtzbrinck und Siegfried Unseld

Wobei es eine solche «Verabredung» nie gegeben hat; Harry Rowohlt, mürrisch-stumm wie eh und je, war ein einziges Mal, von mir keineswegs dazugebeten, mit den rebellierenden Lektoren in meiner Wohnung gewesen. Jedoch: In einer scheiternden Ehe ist jeder Anlass recht. Die Ursache liegt immer tiefer. Das Wort «Ehe» klingt etwas pathetisch. Aber der kluge Joachim Kaiser bewegte sich in diesem Begriffsfeld, als er in der ‹Süddeutschen Zeitung› Bilanz zog: «Denn die Vertrauenskrise, die in losem Zusammenhang mit der betreffenden ‹Affäre› zwischen dem Verlagsbesitzer Heinz Maria Ledig-Rowohlt und seinem Verlagschef Dr. Fritz Raddatz offenkundig wurde, hat durchaus die unseligen Begleiterscheinungen einer Scheidung.»

Herzzerreißend. Noch so ein pathetisches Wort. Doch nicht nur der Wortlaut seines Briefes, auch die fast rätselhafte Beigabe zeigen, dass Ledig sein eigenes Herz zerrissen hatte. In einer tieferen Gefühlsschicht muss er gewusst haben, dass er mir unrecht tat, sein Telegramm ein Frevel war; denn in dieser Affäre hatte ich mir rein gar nichts zuschulden kommen lassen, hatte mich zum Prellbock gemacht zwischen den Lektoren und ihm, versucht, seine Würde zu wahren und damit die des Verlages. Er *war* der Verlag. Nur er, Ledig-Rowohlt. Auch wenn ich das in meinem gockelnden Größenwahn manchmal außer Acht gelassen haben mag, meinen Respekt vor ihm habe ich nie beiseitegeschoben, habe immer gewusst, dass ich ein Adjunkt bin, und die Balance zwischen Oben und Unten stets eingehalten.

Die «Beigabe» also. Ledigs Abschiedsbrief kam per Boten. Beigefügt war eine kleinformatige farbige Kreidezeichnung von Tom Wesselmann, eine Vorstudie zu seinem großen Ölbild ‹Great American Nude› (zu einem der großen Ölbilder aus der ‹Great American Nudes›-Serie), Ikone der frühen Pop-Malerei. Das kleine Blatt hatten wir vor Jahren in München bei einem unserer seltenen Galerie-Bummel entdeckt, will sagen: ich sah es, und ich überredete Ledig, es zu kaufen. Es hing seitdem in seinem winzigen Bücherkabinett im Dachgeschoss des preziösen Hauses. Der Brief endete mit dem Satz: «Dieser Wesselmann …, denke ich mir, wird den kleinen Raum nicht überschreiten, den Sie mir gewiss trotz allem noch bei sich bewahren.»

Das war das Ende. Doch hatte das Ende kein Ende. Zunächst war ich tief verletzt, traurig und schockiert. Bei einer zufälligen Begegnung verweigerte ich Gruß und Händedruck – was beides er entbot. Ich ging neue Wege. Das gehört in Ausführlichkeit nicht hierher, nur so viel: ein kurzes Intermezzo beim SPIEGEL; dann meine Karl-Marx-Biographie, die George Weidenfeld in England und Amerika zu Erfolgen brachte, worauf andere internationale Ausgaben folgten; meine Geschichte der DDR-Literatur, die bei Suhr-

+ 0 1 =A502 =

==LIEBER RADDATZ DANK FUER IHR

ZUREDE WIEDER MUT ZU MACHEN A

BEI UNSEREM LETZTEN TELEFONAT S

ERKENNEN WERDEN WENN SIE ==RADD

AUF DER SICH DIESE INTRIGENREICHE

MUESSEN 9 JAHRE GUTER ZUSAMMENARBEIT

DER SCHULDT SUCHEN MUESSEN DASS ES UX

VIELLEICHT LESEN SIE DIE ZEIT ==RADD

SIE JA AUCH VON ANDERER SEITE UEBER DI

IM VERLAGE VORBEREITEN WILL UNTERRICHT

EINMAL UEBER DIESE DINGE UNTERHALTEN WE

SIE SICH NICHT UEBER DIE FINANZIELLE SE

VIELLEICHT ENTDECKEN SIE IM UMKREIS DE

HERZLICH =

Kündigungstelegramm, Ende September 1969

onsabilidad

76 22 2348 ==

M 18/9 UND DEN VERSUCH MIR DURCH GUTE
SOENLICHEN KONSEQUENZEN VON DENEN ICH
ABSOLUT UNVERMEIDLICH WIE SIE BALD

/50 ===ERST WIEDER DIE BUEHNE BETRETEN
ELT ES HILFT NICHTS LIEBER RADDATZ WIR
IDER WERDEN SIE AUCH BEI SICH EINEN TEIL
EM SO BEKLAGENSWERTEN ENDE KOMMEN MUSSTE
50 =VOM DONNERSTAG ABER VIELLEICHT SIND
UND UEBER DAS WAS EINE GEWISSE GRUPPE
E DASS WIR UNS IN NAECHSTER ZEIT NOCH
NWIRD DAS FREILICH NICHTS BEUNRUHIGEN
TRENNUNG SIE WIRD GENEROES ERFOLGEN UND
ER GESCHIEHT NEUE AUFGABEN DENNOCH

kamp mehrere Auflagen erlebte; Editionen, Zeitungs-
artikel; schließlich die Berufung zum Feuilleton-Chef
der ZEIT.

Die beiden Geschiedenen sahen sich nicht, hörten
nur über Dritte voneinander. Was ich hörte, bewies:
Dieser geborene Verleger hatte sich die Haut von
der Seele geschält. Die wunderbare Flamme seiner
Büchergier erlosch mehr und mehr. Er ließ ohne Not
und Gegenwehr, wohl auch wie in einem Akt der
Befreiung von mir, wichtige Autoren abwandern: Philip Roth und Susan Sontag zu Hanser; Hubert Fichte
zu S. Fischer; Walter Kempowski zu Knaus; Mario
Vargas Llosa zu Suhrkamp; auch Gisela Elsner, Ossi
Wiener und selbst sein enger Freund Gregor von Rezzori wechselten weg. Es währte nicht lange, und Ledig
verkaufte eine erste Tranche seiner Verlagsanteile an
Georg von Holtzbrinck, offenbar ohne Widerspruch
des Minderheitseigentümers Harry Rowohlt.

Jane hatte in der Nähe des Genfer Sees ein bezau-
berndes Haus gefunden mit herrlichem Garten, schö-
nem Schwimmbad, den einstigen Besitz des Arztes
von Voltaire in Lavigny. Von dort kam im Sommer
1983 ein Anruf *out of the blue sky*, wie wir alten Yankees
sagen. Ledig. Irgendjemand – Hochhuth? Joachim
Kaiser? Rolf Michaelis? – habe ihm erzählt, ich sei mit
einer Prosa-Arbeit beschäftigt. «Hören Sie, mein Alter,
ich lese seit langem jede Zeile von Ihnen, mit großem
Beifall. Wenn das stimmt, was ich da höre – das Buch

muss natürlich bei Rowohlt erscheinen. Vergessen wir, was zwischen uns geschah.» Auch Ledig hatte «ein kleines Bild» in seinem Herzen bewahrt. «Sie müssen hierherkommen, ich lade Sie nach Lavigny ein. Sobald Sie fertig sind mit dem Manuskript, werden Sie mir daraus vorlesen.»

So geschah es. ‹Kuhauge› war kaum beendet, da landete ich in dem «Château», für das Jane sogar Fenstergriffe aus dem 18. Jahrhundert aufgespürt hatte. Fast hatten wir Tränen in den Augen, als wir uns gegenüberstanden, als hätten wir uns erst gestern kurz verabschiedet. In einem Gartenhäus'chen las ich in einem Zug die Erzählung vor. «Sie sind ein mutiger Mann», Ledig war aufgestanden, fast wäre es zu einer Umarmung gekommen, stattdessen kam Jane mit den Gläsern und einem etwas schräg-galanten «Raddatz, I always loved your energy». Was nun «mutig» an dem kleinen Text sein sollte, verstand ich (verstehe ich bis heute) nicht. Aber Ledigs Begeisterung verstand ich. «Wissen Sie, ich habe ja verkauft. Aber ich habe mit Holtzbrinck einen Vertrag als Berater. Mein Wort gilt dort. Ihr Buch erscheint bei Rowohlt im nächsten Programm, also Frühjahr 1984.»

Das Ende vom Ende. Plötzlich duzten wir uns. Es war jetzt eine neue, eine andere Beziehung: Verleger – Autor. Ledig arrangierte sofort mit seinem alten Freund Alfred Knopf eine amerikanische Ausgabe. Er freute sich über den triumphalen Erfolg in

Mit Fritz J. Raddatz

Paris – «Le nouveau Grass Allemand», lautete der erste Trompetenstoß –, als hätte er ‹Kuhauge› geschrieben. Er drängte aufs «Weitermachen» wie auf möglichst viele Wiederbegegnungen.

Und wenn es nächtens in Paris war. Dort wohnte ich Mitte der achtziger Jahre seit meinen Vorlesungen an der École des Hautes Études im der Uni schräg gegenüberliegenden Hotel Lutetia. Wiederum fünf Minuten vom Hotel entfernt liegt das schöne Restaurant Le Récamier, das ich sehr mochte. Eines Abends betraten wir, mein Freund Gerd Bruns und ich, den Gourmet-Tempel, und heraus kamen: Ledig und Jane. Ledig war geradezu aufgeregt über den Zufall, wir mussten versprechen, nach dem Essen, auch spätnachts, noch zu ihm ins Hotel Tres Moilles zu kommen, er werde dort in der Bar auf mich warten, egal, wie spät es würde. Es wurde spät, aber Ledig hatte gewartet, bestellte umgehend Dom Pérignon, und wir feierten. Aber was? Es gab keinen Anlass. Oder eben doch: Wir feierten uns, die Befreiung zur Herzlichkeit.

Da ging es schon nicht gut mit mir in der ZEIT. Wieder eine Affäre, die, weidlich bekannt, hier nicht hingehört. Sie wird nur erwähnt, um Ledigs letzten Auftritt in meinem Leben auszuleuchten. Denn es begab sich zu der Zeit, dass ich in vielen Blättern – «Verlässt Raddatz die ZEIT?» – angezählt wurde. Und dass genau zu diesem Datum in Düsseldorf ein großes Fest stattfand: das hundertjährige Bestehen der

Firma Henkel. Fast 500 Gäste aus Politik, Wirtschaft, der Kunstwelt füllten die mächtigen Hallen. Auf der großen Bühne, im hellen Scheinwerferlicht, stand eine auferstandene Marlene Dietrich, groß, schlank, blond, im schwarzen Smoking: Gabriele Henkel machte den Abend hindurch brillant und souverän die Conférence. Zwischen die Gäste konnte sie sich glücklicherweise kaum mischen. Glücklicherweise? Ja, denn es gab einen Eklat, wenn auch von vielen unbemerkt. Ledig ging auf den besonders platziert sitzenden Helmut Schmidt zu. «Aber Sie können sich doch nicht von Raddatz trennen! Ist der Zeitung nicht klar, dass Sie in dem Mann einen zweiten Tucholsky haben? Ich appelliere an Sie!» Zur unbändigen Wut des berühmten Verlegers stand der ZEIT-Herausgeber vor dem weitaus Älteren nicht auf, brummte nur mit vor der Brust verschränkten Armen bramsig: «Das geht mich nichts an. Ist Sache des Chefredakteurs.» In einem Roman stünde jetzt: Ledig war weiß wie die Wand. Aber das hier ist kein Roman, sondern ein Bericht. Ledig torkelte wie ein schlimm getroffener Boxer, leicht betäubt von der Flapsigkeit des Ex-Politikers, griff rasch nach einem Glas auf dem Tablett einer freundlichen jungen Serviererin und polterte: «Was bildet der sich ein, dieser Helmut Schmidt, wer er wohl ist, der nicht mal seinen Arsch aus dem Sessel heben kann!» Das verstanden Umstehende nicht, Gespräche aller Art schwirrten ja allenthalben durch den Raum, Musik war zu hören, und aus dem Bühnenlautsprecher erklang die Stimme von Marlene Henkel. Sie hatte, fern da oben im Rampenlicht, von der unglückseligen kleinen Szene nichts mitbekommen.

Spätabends, das Fest war verklungen, saß im Barraum neben der Lobby des Parkhotels der sogenannte «harte Kern»: Inge Feltrinelli, George Weidenfeld, Ledig und ich. Da erschien Gerd Bucerius, ZEIT-Verleger und Initiator meines bevorstehenden Rauswurfs. Ledig schoss hoch, ging Bucerius hinterher, diesmal vielleicht etwas zu laut sprechend: «Herr Bucerius, das mit dem Raddatz, das können Sie doch nicht …» – den Satz konnte er nicht beenden. Bucerius ging nicht an ihm vorbei, er ging durch ihn hindurch, ohne Blick, ohne ein Wort. Die Lift-Tür schloss sich hinter dem Inhaber der ZEIT. Der Inhaber des Rowohlt Verlages, der offenbar gänzlich vergessen hatte, dass auch er mir einmal gekündigt hatte, stand nun leicht schwankend vor mir, hob ein klein wenig die Arme und sagte: «Fritz – – –»

Dies ist die Geschichte zweier Männer, die einmal fast einer gewesen waren, unauflöslich einander verbunden, in gegenseitiger Verletzung und in peinigendem Schmerz sich trennend, und die nie die Liebe vergessen konnten, die sie einst innig sein ließ.

Und deshalb stand dieses Wort auch am Anfang meines in der ZEIT veröffentlichten Nachrufs, als

Ledig 1992 – bei einem Verleger-Kongress! – in Neu-
Delhi gestorben war. Ich setze einige Abschnitte aus
diesem Text hier als Coda an das Ende meiner Erzählung.

*Ich habe ihn geliebt. Er war ein bekannter Mann, wenige
haben ihn gekannt. Heinrich Maria Ledig-Rowohlt war
nicht nur als Verlagskaufmann ein listiger Fallensteller –
der uneheliche Sohn von Ernst Rowohlt und der Schauspielerin Maria Ledig war auch ein Schauspieler der tausend Masken. Hinter denen verbarg sich ein verletzlicher,
scheuer, einsamer Mensch; die vielleicht komplizierteste
Persönlichkeit, der ich begegnet bin.*

*Anekdoten und Kostümierungen – viele von ihm
selber geradezu liebevoll gepflegt – sind Legende in den
Hauptstädten der Bücherwelt von Mailand bis Tokio,
Frankfurt und New York und gehören zum Repertoire
der einen großen Inszenierung, die Heinrich Maria
Ledig-Rowohlt hieß.*

*Aber es täuscht sich gewaltig, wer den Clown für den
Mann hält, den Charmeur für den Menschen. Ledig, wie
seine Freunde ihn nannten, auch seine Frau – Ledig hatte
sich aus alldem ein Versteck gebaut; ein nur in diesem
einzigen Exemplar existierender Paradiesvogel, der sich
ein Nest gepolstert hatte aus Havanna-Zigarren, bestickten Samt-Pumps, farbigen Ziertüchlein und geblümten
Hosenträgern: einen surrealistischen Wall gegen die Welt.
Darin verborgen – selbst das dröhnende Lachen perfekte*

H. M. Ledig · Rowohlt

Reinbek bei Hamburg
Hamburger Straße 17
18. XII. 69

Lieber Raddatz,

Ihr Abschiedsbrief hat mich in New York erreicht. Ich habe in Ihren Zeilen trotz der etwas demonstrativen Rück-Sendungen doch noch eine Spur der alten Verbundenheit entdeckt, wie ich sie selber noch empfinde. Auch ich habe Ihnen zu danken für unsere gemeinsamen Jahre, und dass auch mir unsere Trennung sehr nahe gegangen ist, werden Sie gewiss gespürt haben. Wir haben beide Fehler gemacht, aber es ist zu spät und zu früh darüber zu rechten. Wir müssen uns beide als Opfer unserer Anlagen, aber auch als Opfer der Umstände sehen, deren Bedrohung latent war, die wir jedoch nicht frühzeitig genug erkannt haben. Auch bei mir hat das Ganze eine Wunde hinterlassen.

Ihr

Abschiedsbrief, 18. Dezember 1969

*Schalltäuschung – ein nahezu hautlos sensibler Mensch,
der in einer Mischung aus Misstrauen und Hoffnung auf
Liebe wartete, auf Freundschaft und Zuneigung.*

*Er wird sie vom Vater, in dessen Berliner Verlag der
damals Zweiundzwanzigjährige 1930 eintrat, nicht
bekommen haben; der nannte ihn noch «Herr Ledig»,
bis es ans Lizenzverteilen ging. Die frühe und lang
anhaltende Verletzung wurde nicht nur kompensiert
durch gelegentlich nachgeäfftes Bramarbasieren – sie war
wohl auch die Geburtsstunde des genialen Verlegers Heinrich Maria Ledig-Rowohlt. Literatur konnte man ohne
Furcht vor Verwundungen lieben – und sie liebte, war
man Verleger, gleichsam zurück. Ledig, dem zeitlebens
die Idee des Androgynen faszinierend war, konnte hier
zeugen und gebären zugleich. Deshalb konnte der blut-
junge Mann William Faulkner entdecken oder Thomas
Wolfe, und deshalb hat er in einer geradezu orgiastischen
Riesenumarmung uns nach Deutschland hereingeholt,
was Jahrzehnte das kulturelle Bewusstsein prägen sollte –
Sartre wie Camus, Nabokov wie Genet, Céline wie Italo
Svevo. Es scheint mir fast indiskret-taktlos – vielleicht
auch, weil ich zehn Jahre so eng mit ihm zusammen-
arbeitete –, nun wie in einem Verlagskatalog die Namen
von Autoren aufzuzählen. Ledigs Persönlichkeit schiene
mir reduziert auf einen gescheiten Rechte-Akquisiteur
(der er – man denke an die Millionenerfolge mit Ceram,
Malpass, Harper Lee – auch war).*

Aber das Gesetz dieses Menschen hat man nicht begrif-

fen, wenn man an eine schöne Jouhandeau-Ausgabe, die Edition der Briefe Oscar Wildes oder den mutigen Einsatz für Henry Miller erinnert. Da war eine tiefere Dimension. Literatur war die Lebensdroge für diesen Mann. (Und er hatte Glück, dass seine schöne Frau Jane diese Sucht teilte.) Deswegen konnte er sich wie in einem erotischen Rausch in Bücher verlieben – gelegentlich je heftiger, desto unerreichbarer sie waren; daher die Gier, mit der er anfangs schier unübersetzbare Autoren wie Pynchon oder Hubert Selby verschlang, oder die einer Huldigung gleichende Zartheit, die er jedem Beckett-Text entgegenbrachte. Das musste gar nicht «sein» Autor sein. Ich erinnere mich noch der Kränkung meiner verlegerischen Habgier, als Ledig sagte: «Ach, lassen Sie doch – der Proust passt viel besser zu Suhrkamp, wir sind doch nicht fein.» Und dann freute er sich über die Bände in Prousts berühmter Lieblingsfarbe Mauve. Er war kein Raffke. Als der schon sehr bekannte Heinrich Böll Unmut über seinen Verlag signalisierte – in dieser Fauna das Duftzeichen «Ich bin zu haben» –, rief Ledig seinen Freund Witsch an und sagte: «Du musst dem Böll mehr Geld, ordentlich Geld geben, sonst kommt der zu mir. Das will ich aber nicht.»

Nun ist etwas höchst Seltsames zu beobachten. Heinrich Maria Ledig-Rowohlt war ein Mann des internationalen Parketts, wohnte seit dem Verkauf des Verlags 1983 in der Schweiz und hatte Freunde unter ausländischen Verlegern wie Autoren. Genau genommen keine in Deutschland; manche, die sich dafür hielten, missverstanden Höflichkeit als Herzlichkeit. Ledig war ein Meister der Distanz – der Handkuss als Entfernungsritual, ein «Was haben Sie für bezaubernde Ohrringe, gnä' Frau» als Berührungsverbot und ein «Großartiges Herbstprogramm, ich beneide dich ...» als Abwehrgeste etwaiger kollegialer Nähe. Ledig verkroch sich vor den Menschen, von denen er – sehr wenige Ausnahmen zugestanden – Kränkung oder Verrat voraussah.

Das ist der Grund, warum dieser in die Literatur Vernarrte kaum deutsche Autoren pflegte. Die wären ihm zu nahe gekommen. Autoren sind ja ihrerseits androgyne Wesen, sie sind selber Erzeuger und Gebärer. Das war ihm zu viel – weswegen die, die er «lebend» verlegte und schätzte (früher einmal Rezzori, später Rühmkorf, Hochhuth, Konrad Bayer – Fichte schon nicht mehr), sehr wenige waren. Arno Schmidt hat er wegziehen lassen, er war ihm zu pampig und eingebildet; Uwe Johnson war ihm ein Graus, er war ihm zu spökenkiekerisch. Musil und Tucholsky – da war die Liebe ungefährlich. Die lasen keine Gedichte vor, schickten keine Manuskripte mit der Bitte um sofortige Lektüre. Auch Hemingway oder Laxness taten das nicht. Ausländische Autoren erwarb man «fertig», man bezahlte, übersetzte, verlegte, verkaufte sie – und konnte herzlichen Umgang mit ihnen pflegen. Sie traten nicht ins inner sanctum. Da ließ Ledig (fast) niemanden hinein.

Denn er war selber ein Autor. Das mag das Geheim-

as letzte Foto, eine Woche vor Ledigs Tod, aufgenommen
or dem Taj Mahal von Inge Feltrinelli

nis dieses Lebens gewesen sein – ein Autor, der nicht schrieb (aber hervorragend übersetzte). Er hatte die Disposition des Künstlers: der in krassem Egoismus darauf achtet, dass seine Haut nicht geritzt werde; der in unersättlichem Verlangen darauf wartet, dass man ihn liebe; der die Einsamkeit hasst, die er braucht, um zu produzieren.

Die ineinandergeschichteten Widersprüche formten den Charakter dieses Mannes, der zu unvergesslichen Gesten fähig war.

Personenregister

Adamov, Arthur 74
Adenauer, Konrad 97
Amendt, Günter 99, 121
Anders, Günther 39
Aragon, Louis 9
Artmann, H. C. 108
Augstein, Katharina 28, 79, 103, 104, 120
Augstein, Rudolf 28, 103, 104, 120, 123

Bacall, Lauren 14
Baldwin, James 32, 94, 102
Barral, Carlos 74
Bayer, Konrad 42, 50, 108, 109, 148
BB (siehe Becker-Berke, Annelotte)
Beardsley, Aubrey 118
Beatles 40
Beauvoir, Simone de 10
Becher, Johannes R. 19, 20
Becker, Jürgen 44, 57, 74, 87, 115, 146
Becker-Berke, Annelotte 24, 32, 44, 45, 65, 88, 110, 112

Beckett, Samuel 44, 74, 77, 78, 131, 146
Beitz, Berthold 88–90
Benjamin, Walter 91
Bergner, Elisabeth 26
Bernhard, Thomas 59
Bertelsmann, Leo von 44, 49
Bloch, Ernst 123
Bobrowski, Johannes 53
Böll, Heinrich 122, 147
Bondy, François 76
Brecht, Bertolt 10, 19
Brock, Bazon 123
Bruns, Gerd 139
Bucerius, Gerd 12, 143
Burda, Hubert 122
Busch, Ernst 22, 25, 49
Busch, Kurt 50, 93, 94

Caldwell, Erskine 112
Calvino, Italo 76
Camus, Albert 58, 146
Céline, Louis-Ferdinand 57, 82, 146
Ceram, C. W. (siehe Marek, Kurt Wilhelm)

151

Chagall, Marc 43, 46, 48
Chotjewitz, Peter 123
Churchill, Winston 49, 50
Cocteau, Jean 52
Cohn-Bendit, Daniel 113, 114, 119
Czollek, Walter 20

Dib, Mohammed 9
Dietrich, Marlene 80–82, 95, 142
Delaney, Shelagh 87
Dönhoff, Marion Gräfin 123
Dos Passos, John 112
Dreifuß, Marianne 20
Durrell, Lawrence 28
Dutschke, Rudi 99

Eatherly, Claude 39
Einaudi, Giulio 56, 74
Elsner, Gisela 40, 41, 50, 75, 138
Enzensberger, Hans Magnus 52, 76, 98
Ernst, Max 118

Faulkner, William 18, 38, 62, 146
Feltrinelli, Carlo 54, 56, 71
Feltrinelli, Giangiacomo 89
Feltrinelli, Inge 47, 54, 107, 120, 143, 149
Feraoun, Mouloud 9
Fest, Joachim 95
Fichte, Hubert 40, 56, 59, 138, 148
Franco, Francisco 71, 74, 75, 79
Friedrichsen, Edgar 12, 93
Frisé, Adolf 76

Gable, Clark 22, 24
Gallimard, Claude 32, 76, 104
Gardner, Ava 22, 24
Gaul, Winfred 118, 123
Gaulle, Charles de 76, 113
Gaus, Günter 123
Genet, Jean 38, 53, 74, 83, 84, 99, 146
Gerhardt, Renate 118
Ginsberg, Allen 74
Ginsburg, Jewgenija 125, 127
Göring, Hermann 20
Girodias, Maurice 97
Goytisolo, Juan 76
Grass, Günter 98, 141
Grosz, George 55, 90
Gründgens, Gustaf 118
Guggenheim, Felix 114, 115

Handke, Peter 59
Harpprecht, Klaus 48
Hasenclever, Edith 26
Hasenclever, Walter 40, 66
Hasse, O. E. 49
Hausner, Rudolf 123
Havel, Václav 87
Havemann, Robert 87
Heartfield, John 92, 94
Heine, Heinrich 97
Hemingway, Ernest 148
Henkel, Gabriele 119, 122, 142
Hikmet, Nâzim 9
Hintermeier, Karl Hans 34, 49, 93, 125, 128–130
Hitler 16, 92, 95, 96
Hochhuth, Rolf 45, 47, 80, 85, 86, 90, 138, 148

Hofmannsthal, Raimund von 98, 99
Holtzbrinck, Georg von 133, 138, 139
Horváth, Ödön von 76
Huchel, Peter 122

Jandl, Ernst 121
Jaspers, Karl 90
Jelinek, Elfriede 108
Jens, Walter 57
Johnson, Uwe 78, 148
Jouhandeau, Marcel 51, 146
Juncker, Klaus 87
Jürgens, Curd 90

Kaiser, Joachim 134, 138
Kästner, Erich 15, 20
Kempowski, Walter 40, 138
Kennedy, Jacqueline 49
Kennedy, John F. 48, 95
Kessler, Harry Graf 20
Kindler, Helmut 25, 26, 28, 33, 34, 70
Klemke, Werner 25
Klossowski, Pierre 53, 97
Knaus, Albrecht 28, 138
Knoll, Walter 32, 34, 65, 95, 108
Knopf, Alfred 139
König, Traugott 129
Kühl, Kate 26
Kusenberg, Kurt 16

Lady Jane (siehe Ledig-Rowohlt, Jane)
Lampedusa, Giuseppe Tomasi di 54

Lange, Monique 76
Lawrence, David Herbert (D. H.) 28, 53
Laxness, Halldór 148
Ledig, Maria 15, 144
Ledig-Rowohlt, Jane 38, 43, 46, 48, 49, 67, 70, 71, 80, 96, 98, 104, 112, 117–120, 131, 135, 138, 139, 146
Lee, Harper 101, 145
Lenz, Siegfried 98
Leonhardt, Karl Ludwig (Leo) 85
Liebermann, Rolf 123
Liepman, Ruth 94
Lissitzky, El 51
Lukács, Georg 130
Lumbeck, Emil 12

Magritte, René 65
Malpass, Eric 83, 145
Manchester, William Raymond 48
Mann, Golo 90, 121
Mann, Heinrich 19
Mann, Thomas 19
Marat, Jean Paul 50
Marek, Kurt Wilhelm 24, 38, 57, 145
Marx, Karl 135
Mascolo, Dionys 76
Massary, Fritzi 26
Matthias, Leo 96
Mayer, Hans 76
McCarthy, Mary 78, 91
Menzel, Adolph von 22
Michaelis, Rolf 138
Miller, Arthur 102

Miller, Henry 38, 46, 51, 53, 66, 69, 74, 147
Mitterrand, François 157
Mohn, Reinhard 85, 87
Moravia, Alberto 76
Mortimer, John 87
Musil, Robert 32, 76, 148

Nabokov, Vladimir 38, 53, 56, 82, 97, 146
Neruda, Pablo 9
Neumann, Nico 125
Nirumand, Bahman 99

O'Brien, Flann 44
Orton, Joe 87

Pasternak, Boris 48, 54
Picasso, Pablo 10, 108
Pinter, Harold 87
Pinthus, Kurt 66, 71
Piscator, Erwin 88, 89
Piwitt, Peter 129
Powys, John Cowper 51
Proust, Marcel 147
Pynchon, Thomas 147

Remarque, Erich Maria 90
Rezzori, Gregor von 57, 138, 148
Richter, Bernt 87
Richter, Gerhard 118
Richter, Hans Werner 49
Ringelnatz, Joachim 56
Rodin, Auguste 40
Rosenthal, Philip 38, 119
Rosset, Barney 74, 78
Roth, Philip 57, 97, 138

Rowohlt, Ernst 6, 10, 11, 14–18, 26, 33–35, 66, 96, 143
Rowohlt, Harry 26, 27, 67, 91, 131, 133, 135, 138
Rühm, Gerhard 129
Rühmkorf, Peter 52, 57, 87, 98, 148

Salinas, Jaime 74, 79
Salinas, Pedro 74
Salomon, Ernst von 14, 24, 34, 35, 38
Sartre, Jean-Paul 18, 38, 56, 64, 129, 146
Schell, Maximilian 81
Schmidt, Arno 57, 148
Schmidt, Helmut 142
Schönthal, Inge (siehe Feltrinelli, Inge)
Schuller, Victor 34
Schwitters, Kurt 51
Seghers, Anna 19
Selby, Hubert 53, 65, 147
Sonnemann, Ulrich 96
Sontag, Susan 74, 90, 102, 138
Stein, Peter 122
Steinbeck, John 19
Straus, Roger 102
Svevo, Italo 146

Thiesen, Paula 33
Toller, Ernst 66
Tucholsky, Kurt 11, 16, 19, 21, 24, 25, 27, 28, 30, 35, 70, 92, 95, 142, 148
Tucholsky, Mary 16, 25, 26, 35, 70, 94, 95, 105

Unseld, Siegfried 59, 137
Updike, John 57, 94, 102, 107

Vargas Llosa, Mario 57, 138
Vaszary, Gábor von 14
Vostell, Wolf 115

Wäscher, Aribert 49
Walser, Martin 53, 98, 123
Weber, Max 98
Weidenfeld, George 72, 74,
    75, 79, 135, 143
Wesselmann, Tom 135

Weyrauch, Wolfgang 24
Wiemer, Horst 28
Wiener, Ossi 108, 129, 138
Wilde, Oscar 147
Williams, Emmett 51
Witsch, Joseph Caspar 119,
    147
Wolf, Friedrich 19
Wolfe, Thomas 14, 38, 146
Wunderlich, Paul 119

Zimmer, Dieter E. 79, 131
Zweig, Arnold 19

Nachweis der Bildrechte

Der Verlag dankt dem Deutschen Literaturarchiv Marbach für die freundliche Unterstützung bei der Auffindung und Übermittlung derjenigen Fotos, die dem Vorlass von Fritz J. Raddatz und dem in Marbach befindlichen Rowohlt-Archiv entstammen. Ebenso Frau Christa Loose für die Bilder, die sie uns aus ihrem Privatbesitz für diesen Band zugänglich gemacht hat.

SEITE 5: Ledig in seinem Büro, 1978; © Michael Hospelt, Hamburg

SEITE 13: Ledig «Triumphator», 1961; © Ulrich Mack, Hamburg

SEITE 17: Ledig und Ernst Rowohlt, 1960; © Conti-Press, Staatsarchiv Hamburg, 720-01 = CP 28115

SEITE 29: Rowohlt Paperback, die ersten Exemplare, 1961; © Ulrich Mack, Hamburg

SEITE 36, 37: Mit Fritz J. Raddatz, 1966; © Digne Meller-Marcovicz, Ullstein-Bild, Berlin

SEITE 47: Mit Inge Feltrinelli und Rolf Hochhuth, 1970; © Ullstein-Bild, Berlin

SEITE 68, 69: Tischtennis mit Henry Miller, 1961; © Ulrich Mack, Hamburg

SEITE 72, 73: Im «Alten Jachthafen», Hamburg, 1988; © L. Fischmann/C. Keller, Gröninger, Hamburg

SEITE 77: In der Eingangshalle des Reinbeker Verlagsgebäudes; © Hanns-Jörg Anders

SEITE 100, 101: Mit Fritz J. Raddatz; © Ulrich Mack, Hamburg

SEITE 107: John Updike, Fritz J. Raddatz, Inge Feltrinelli und Ledig, ca. 1985; © Inge Feltrinelli

SEITE 116, 117: Mit Jane Ledig-Rowohlt, 1964; © Digne Meller-Marcovicz, Ullstein-Bild, Berlin

SEITE 149: Ledig vor dem Taj Mahal; © Inge Feltrinelli

Alle übrigen Abbildungen stammen aus dem Archiv des Rowohlt Verlags oder aus Privatsammlungen.

Fritz J. Raddatz, geboren 1931 in Berlin, war von 1960 bis 1969 stellvertretender Leiter des Rowohlt Verlages, von 1977 bis 1985 Feuilletonchef der ZEIT. 1986 wurde ihm von François Mitterrand der Orden «Officier des Arts et des Lettres» verliehen. Von 1969 bis 2011 war er Vorsitzender der Kurt-Tucholsky-Stiftung, Herausgeber von Tucholskys ‹Gesammelten Werken›, Autor in viele Sprachen übersetzter Romane und eines umfangreichen essayistischen Werks. 2010 erschienen seine hochgelobten und viel diskutierten ‹Tagebücher 1982–2001›. Im selben Jahr wurde Raddatz mit dem Hildegard-von-Bingen-Preis für Publizistik ausgezeichnet. Zuletzt veröffentlichte er im Frühjahr 2014 ‹Tagebücher 2002–2012›.